DR. OETKER

SCHÜTTELKUCHEN

Schüttel-, Becher- und Tassenkuchen

DR. OETKER

SCHÜTTELKUCHEN

Schüttel-, Becher- und Tassenkuchen

Dr. Oetker Verlag

Vorwort

Schüttel-, Becher- oder Tassenkuchen, gerührt oder geschüttelt, wie hätten Sie es denn lieber? Hier sind die wirklich einfachen Rezepte, mit denen selbst „Backanfänger“ zurechtkommen. Für die Schüttelkuchen können Sie Handrührgerät und Küchenmaschine vergessen. Und bei den Becher-und Tassenkuchen können Sie Ihre Waage im Schrank lassen. Alle Rezepte in diesem Buch sind für Backanfänger oder Gelegenheitsbäcker. Sie kommen mit wenig Zutaten aus, die überall gut zu bekommen sind. So ist Backen ganz einfach.

Abkürzungen

EL = Esslöffel
TL = Teelöffel
Msp. = Messerspitze
Pck. = Packung/Päckchen
g = Gramm
kg = Kilogramm
ml = Milliliter
l = Liter
Min. = Minuten
Std. = Stunden
evtl. = eventuell
geh. = gehäuft
gestr. = gestrichen
TK = Tiefkühlprodukt
°C = Grad Celsius
Ø = Durchmesser
E = Eiweiß
F = Fett
Kh = Kohlenhydrate
kcal = Kilokalorien
kJ = Kilojoule

Hinweise zu den Rezepten

Lesen Sie vor der Zubereitung das Rezept einmal vollständig durch. Oft werden Arbeitsabläufe oder -zusammenhänge dann klarer. Die in den Rezepten angegebenen Backtemperaturen und -zeiten sind Richtwerte, die je nach individueller Hitzeleistung des Backofens bzw. Material der verwendeten Formen über- oder unterschritten werden können. Beachten Sie bei Gasherden die Gebrauchsanweisung des Herstellers.

Zubereitungszeiten

Die Zubereitungszeit ist ein Anhaltswert für die Zeit für Vorbereitung und die eigentliche Zubereitung. Längere Wartezeiten wie z.B. Kühl- und Marinierzeiten, sowie die Backzeit sind nicht einbezogen.

Kapitelübersicht

Kapitelübersicht

Mohn-Marmorkuchen mit Kirschen

Zutaten

Zum Vorbereiten:
1 Glas Sauerkirschen (Abtropfgewicht 370 g)
1 Apfel
1 EL Zitronensaft

Für den Teig:
350 g Weizenmehl
1 Pck. Backpulver
150 g Zucker
1 Pck. Vanillin-Zucker
4 Eier (Größe M)
175 g zerlassene, abgekühlte Butter oder Margarine
150 ml Milch
30 g Mohnsamen

Zum Bestäuben:
2 EL Puderzucker

Zubereitungszeit:
35 Minuten

Insgesamt:
E: 82 g, F: 194 g, Kh: 532 g
kJ: 18311, kcal: 4372

RAFFINIERT

1 Zum Vorbereiten Kirschen in einem Sieb gut abtropfen lassen, evtl. mit Küchenpapier trockentupfen. Apfel schälen, vierteln und entkernen. Grob raspeln und mit Zitronensaft beträufeln.

2 Für den Teig Mehl mit Backpulver mischen, in eine verschließbare Schüssel (3-Liter-Inhalt) sieben, mit Zucker und Vanillin-Zucker mischen. Eier, Butter oder Margarine und Milch hinzufügen, Schüssel mit dem Deckel fest verschließen. Mehrmals (insgesamt 15–30 Sekunden, je nach Menge der Zutaten) kräftig schütteln, so dass alle Zutaten gut vermischt sind. Alles mit einem Schneebesen oder Rührlöffel nochmals sorgfältig durchrühren, damit vor allem trockene Zutaten vom Rand mit untergerührt werden.

3 Teigmenge halbieren. Unter eine Hälfte den geraspelten Apfel, unter die andere Hälfte den Mohn ziehen. Apfelteig in eine Springform mit Rohrbodeneinsatz (Ø 24 cm, gefettet, gemehlt) füllen, Mohnteig darauf geben. Kirschen auf dem Mohnteig verteilen. Form auf dem Rost in den Backofen schieben.

Ober-/Unterhitze: etwa 180 °C (vorgeheizt)
Heißluft: etwa 160 °C (nicht vorgeheizt)
Gas: Stufe 2–3 (nicht vorgeheizt)
Backzeit: etwa 50 Minuten.

4 Kuchen kurz in der Form stehen lassen, aus der Form lösen und auf einen Kuchenrost stürzen, erkalten lassen. Kuchen mit Puderzucker bestäuben.

Gefüllter gelber Kastenkuchen

Zutaten

Für den Teig:
150 g Weizenmehl
2 gestr. TL Backpulver
2 Pck. Pudding-Pulver Vanille-Geschmack
120 g Zucker
1 Prise Salz
2 Eier (Größe M)
120 g zerlassene, abgekühlte Butter oder Margarine
125 ml (⅛ l) Buttermilch

Für die Füllung:
2 reife Mangos (etwa 300 g Fruchtfleisch)
70 g Zucker
2–3 EL Zitronensaft

Für den Guss:
1 Pck. Tortenguss, klar
2 gestr. EL Zucker
200 ml Orangensaft

Zum Bestäuben:
Puderzucker

Zubereitungszeit:
50 Minuten, ohne Kühlzeit

Insgesamt:
E: 40 g, F: 116 g, Kh: 477 g
kJ: 13354, kcal: 3191

RAFFINIERT – ETWAS TEURER

1 Für den Teig Mehl mit Backpulver und Pudding-Pulver mischen, in eine verschließbare Schüssel (3-Liter-Inhalt) sieben, mit Zucker und Salz mischen. Eier, Butter oder Margarine und Buttermilch hinzufügen, Schüssel mit dem Deckel fest verschließen. Mehrmals (insgesamt 15–30 Sekunden, je nach Menge der Zutaten) kräftig schütteln, so dass alle Zutaten gut vermischt sind. Alles mit einem Schneebesen oder Rührlöffel nochmals sorgfältig durchrühren, damit vor allem trockene Zutaten vom Rand mit untergerührt werden.

2 Teig in eine Kastenform (25 x 11 cm, gefettet) füllen und glatt streichen. Die Form auf dem Rost in den Backofen schieben.

Ober-/Unterhitze: etwa 180 °C (vorgeheizt)
Heißluft: etwa 160 °C (nicht vorgeheizt)
Gas: Stufe 2–3 (nicht vorgeheizt)
Backzeit: etwa 40 Minuten.

3 Die Form 10 Minuten auf einen Kuchenrost stellen, dann den Kuchen vorsichtig lösen und erkalten lassen.

4 Für die Füllung Mangos schälen, vom Stein lösen, Fruchtfleisch in kleine Würfel schneiden. Fruchtfleisch mit Zucker und Zitronensaft mischen.

5 Für den Guss aus Tortenguss, Zucker und Orangensaft nach Packungsanleitung einen Guss zubereiten, Fruchtwürfel unterrühren und nochmals gut aufkochen. Etwa 45 Minuten abkühlen lassen, bis die Masse dicklich wird.

6 Den Kuchen zweimal waagerecht durchschneiden, mit Mangokompott füllen und eine Stunde kalt stellen. Kuchen vor dem Servieren mit Puderzucker bestäuben. Mit einem elektrischen Messer oder Sägemesser in Scheiben schneiden.

Tipp: *Statt Mangowürfel die gleiche Menge Pfirsichwürfel verwenden.*

Pfirsich-Mandel-Kuchen

Zutaten

Zum Vorbereiten:
100 g abgezogene, gehackte Mandeln
1 kleine Dose Pfirsichhälften (Abtropfgewicht 250 g)

Für den Teig:
200 g Weizenmehl
2 TL gestr. Backpulver
150 g Zucker
3 Eier (Größe M)
200 g zerlassene, abgekühlte Butter oder Margarine
2 EL Weinbrand
einige Tropfen Bittermandel-Aroma

Zum Bestäuben:
Puderzucker

Zubereitungszeit:
35 Minuten

Insgesamt:
E: 67 g, F: 240 g, Kh: 362 g
kJ: 17126, kcal: 4092

EINFACH

1 Zum Vorbereiten Mandeln in einer Pfanne ohne Fett goldbraun rösten und erkalten lassen. Pfirsiche in einem Sieb abtropfen lassen und in feine Würfel schneiden.

2 Für den Teig Mehl mit Backpulver mischen und in eine verschließbare Schüssel (3-Liter-Inhalt) sieben, mit Zucker mischen. Eier, Butter oder Margarine, Weinbrand und Aroma hinzufügen, Schüssel mit dem Deckel fest verschließen. Mehrmals (insgesamt 15–30 Sekunden, je nach Menge der Zutaten) kräftig schütteln, so dass alle Zutaten gut vermischt sind. Mandeln und Pfirsichwürfel hinzugeben, alles mit einem Schneebesen oder Rührlöffel nochmals sorgfältig durchrühren, damit vor allem trockene Zutaten vom Rand mit untergerührt werden.

3 Teig in eine Kastenform (25 x 11 cm, gefettet) füllen. Die Form auf dem Rost in den Backofen schieben.

Ober-/Unterhitze: etwa 180 °C (vorgeheizt)
Heißluft: etwa 160 °C (nicht vorgeheizt)
Gas: Stufe 2–3 (nicht vorgeheizt)
Backzeit: etwa 50 Minuten.

4 Den Kuchen etwa 5 Minuten in der Form stehen lassen, dann auf einen mit Backpapier belegten Kuchenrost stürzen und erkalten lassen. Kuchen mit Puderzucker bestäuben.

Selterkuchen oder Saftkuchen mit Kirschen

Tassenkuchen

Zutaten

1 Tasse = etwa 150 ml

Zum Vorbereiten:
1 Glas Sauerkirschen (Abtropfgewicht 185 g)

Für den Teig:
3 Tassen Weizenmehl (je 100 g)
½ Pck. Backpulver
2 Tassen Zucker (je 150 g)
1 Pck. Finesse Geriebene Zitronenschale
4 Eier (Größe M)
1 Tasse (150 ml) Speiseöl
1 Tasse (150 ml) Fanta wild berries

Zum Bestäuben:
Puderzucker

Zubereitungszeit:
15 Minuten

Insgesamt:
E: 64 g, F: 180 g, Kh: 584 g, kJ: 18155, kcal: 4336

EINFACH

1 Zum Vorbereiten Sauerkirschen in einem Sieb gut abtropfen lassen, evtl. mit Küchenpapier trockentupfen.

2 Für den Teig Mehl mit Backpulver mischen, in eine verschließbare Schüssel (3-Liter-Inhalt) sieben, mit Zucker und Zitronenschale mischen. Eier, Öl und Fanta hinzufügen, Schüssel mit dem Deckel fest verschließen. Mehrmals (insgesamt 15–30 Sekunden, je nach Menge der Zutaten) kräftig schütteln, so dass alle Zutaten gut vermischt sind. Alles mit einem Schneebesen oder Rührlöffel nochmals sorgfältig durchrühren, damit vor allem trockene Zutaten vom Rand mit untergerührt werden.

3 Teig in eine Kastenform (11 x 30 cm, gefettet, mit Backpapier belegt) füllen und glatt streichen. Kirschen auf dem Teig verteilen. Die Form auf dem Rost in den Backofen schieben.

Ober-/Unterhitze: etwa 180 °C (vorgeheizt, unterste Schiene)
Heißluft: etwa 160 °C (nicht vorgeheizt)
Gas: Stufe 2–3 (nicht vorgeheizt)
Backzeit: 50–60 Minuten.

4 Den Kuchen etwa 10 Minuten in der Form stehen lassen, aus der Form lösen, mitgebackenes Backpapier entfernen und Kuchen auf einem Kuchenrost erkalten lassen. Nach Belieben den Kuchen mit Puderzucker bestäuben.

Tipp: *Kuchen mit Schokoladenglasur überziehen. Mit Kirsch-Alkohol-Pralinen verzieren.*

Möhren-Tassenkuchen

Zutaten

1 Tasse = etwa 150 ml

Für den Teig:
3 Tassen (je 100 g) Weizenmehl
2 gestr. TL Backpulver
1 Tasse (150 g) Zucker
2 Pck. Vanillin-Zucker
1 gestr. TL gemahlener Zimt
1 Prise Salz
1 Tasse Speiseöl (150 ml)
2 Eier (Größe M)
2 Tassen fein geriebene Möhren (je 125 g)
1 EL Zitronensaft
1 Tasse gemahlene Haselnusskerne (50 g)

Für den Guss:
1 Tasse gesiebter Puderzucker (100 g)
1–2 EL Zitronensaft

Zubereitungszeit:
15 Minuten

Insgesamt:
E: 57 g, F: 197 g, Kh: 506 g, kJ: 17402, kcal: 4156

SCHNELL

1 Für den Teig Mehl und Backpulver in eine verschließbare Schüssel (3-Liter-Inhalt) sieben, mit Zucker, Vanillin-Zucker, Zimt und Salz mischen. Öl und Eier hinzufügen, Schüssel mit dem Deckel fest verschließen. Mehrmals (insgesamt 15–30 Sekunden, je nach Menge der Zutaten) kräftig schütteln, so dass alle Zutaten gut vermischt sind. Möhren, Zitronensaft und Haselnusskerne hinzugeben. Alles mit einem Schneebesen oder Rührlöffel nochmals sorgfältig durchrühren, damit vor allem trockene Zutaten vom Rand mit untergerührt werden.

2 Den Teig in eine Kastenform (25 x 11 cm, gefettet, mit Backpapier belegt) geben. Die Form auf dem Rost in den Backofen schieben.

Ober-/Unterhitze: etwa 180 °C (vorgeheizt)
Heißluft: etwa 160 °C (nicht vorgeheizt)
Gas: Stufe 2–3 (nicht vorgeheizt)
Backzeit: etwa 50 Minuten.

3 Kuchen etwa 10 Minuten in der Form stehen lassen, aus der Form lösen, auf einen Kuchenrost stürzen, erkalten lassen.

4 Für den Guss Puderzucker und Zitronensaft zu einer dickflüssigen Masse verrühren. Den Kuchen mit dem Guss überziehen, fest werden lassen.

Tipp: *Die Möhren reiben und in einem Sieb gut auspressen, damit der Teig nicht zu feucht wird. Ohne Guss lässt sich der Kuchen gut einfrieren.*

Hefekuchen

Zutaten

Zum Vorbereiten:
100 g Trockenpflaumen

Für den Teig:
350 g Weizenmehl (Type 550)
1 Pck. Trockenhefe
70 g Zucker
1 Prise Salz
1 Ei (Größe M)
100 g zerlassene, abgekühlte Butter oder Margarine
1 TL Honig
einige Tropfen Butter-Vanille-Aroma
125 ml (⅛ l) lauwarmes Wasser
250 ml (¼ l) lauwarme Milch

Zum Bestäuben:
Puderzucker

Zubereitungszeit:
35 Minuten, ohne Teiggehzeit

Insgesamt:
E: 59 g, F: 102 g, Kh: 411 g, kJ: 12282, kcal: 2935

PREISWERT

1 Zum Vorbereiten Pflaumen in Würfel oder Streifen schneiden.

2 Für den Teig Mehl in eine verschließbare Schüssel (3-Liter-Inhalt) sieben, mit Hefe, Zucker und Salz mischen. Ei, Butter oder Margarine, Honig, Aroma, Wasser und Milch hinzufügen, Schüssel mit dem Deckel fest verschließen. Mehrmals (insgesamt 15–30 Sekunden, je nach Menge der Zutaten) kräftig schütteln, so dass alle Zutaten gut vermischt sind, Pflaumenstücke hinzugeben. Alles mit einem Schneebesen oder Rührlöffel nochmals sorgfältig durchrühren, damit vor allem trockene Zutaten vom Rand mit untergerührt werden. Den Teig zugedeckt 15 Minuten an einem warmen Ort stehen lassen.

3 Teig in eine Kastenform (25 x 11 cm, gefettet) füllen, nochmals so lange an einem warmen Ort gehen lassen, bis er sich sichtbar vergrößert hat. Form auf dem Rost in den Backofen schieben.

Ober-/Unterhitze: etwa 180 °C (vorgeheizt)
Heißluft: etwa 160 °C (nicht vorgeheizt)
Gas: Stufe 2–3 (nicht vorgeheizt)
Backzeit: etwa 40 Minuten.

4 Kuchen etwa 10 Minuten in der Form stehen lassen, dann auf einen mit Backpapier belegten Kuchenrost stürzen und erkalten lassen. Mit Puderzucker bestäuben.

Variante mit Hefe und Backpulver: Zusätzlich 1 gestrichenen Teelöffel Backpulver unter das Mehl mischen. Den Teig dann in der Form nicht mehr gehen lassen, sondern sofort die Form auf dem Rost in den Backofen schieben.

Ober-/Unterhitze: etwa 180 °C (vorgeheizt)
Heißluft: etwa 160 °C (nicht vorgeheizt)
Gas: Stufe 2–3 (nicht vorgeheizt)
Backzeit: 40–45 Minuten.

Malaga-Schnitten

Zutaten

Für den Teig:
250 g Weizenmehl
100 g Speisestärke
3 gestr. TL Backpulver
150 g Zucker, 1 Pck. Bourbon-Vanille-Zucker
6 Eier (Größe M)
200 g zerlassene, abgekühlte Butter oder Margarine
100 ml Milch
50 g abgezogene, gehackte Mandeln

1 Orange (unbehandelt)

Für die Füllung:
250 ml (¼ l) Schlagsahne
1 Pck. Sahnesteif
250 g Mascarpone (italienischer Frischkäse)
1 Pck. Finesse Jamaika-Rum-Aroma, 50 g Zucker
120 g Schoko-Rosinen

Zum Garnieren:
50 g abgezogene, gehobelte, geröstete Mandeln
30 g Schoko-Rosinen

Zubereitungszeit:
40 Minuten, ohne Abkühlzeit

Insgesamt:
E: 123 g, F: 469 g, Kh: 608 g, kJ: 31108, kcal: 7434

GUT VORZUBEREITEN

1 Für den Teig Mehl mit Speisestärke und Backpulver mischen, in eine verschließbare Schüssel (3-Liter-Inhalt) sieben, mit Zucker und Vanille-Zucker mischen. Eier, Butter oder Margarine und Milch hinzufügen, Schüssel mit dem Deckel fest verschließen. Mehrmals (insgesamt 15–30 Sekunden, je nach Menge der Zutaten) kräftig schütteln, so dass alle Zutaten gut vermischt sind. Mandeln hinzugeben, alles mit einem Schneebesen oder Rührlöffel nochmals sorgfältig durchrühren, damit vor allem trockene Zutaten vom Rand mit untergerührt werden.

2 Teig in eine Kastenform (30 x 11 cm, gefettet, gemehlt) füllen und glatt streichen. Die Form auf dem Rost in den Backofen schieben.

Ober-/Unterhitze: etwa 180 °C (vorgeheizt)
Heißluft: etwa 160 °C (nicht vorgeheizt)
Gas: Stufe 2–3 (nicht vorgeheizt)
Backzeit: etwa 60 Minuten.

3 Den Kuchen etwa 10 Minuten in der Form stehen lassen, dann aus der Form lösen, etwas abkühlen lassen. Orange waschen, trockentupfen und Schale fein abreiben. Orange auspressen. Saft und Schale vermischen. Den warmen Kuchen mehrmals mit einem Holzstäbchen einstechen, Saft darüber träufeln. Kuchen vollständig erkalten lassen.

4 Für die Füllung Sahne mit Sahnesteif steif schlagen. Mascarpone, Aroma und Zucker verrühren. Sahne unterheben (von der Creme ⅓ abnehmen). Zuletzt Schoko-Rosinen unterheben. Kuchen zweimal waagerecht durchschneiden. Die Hälfte der Rosinen-Creme auf dem unteren Boden verteilen. Mit dem zweiten Boden bedecken, mit Creme bestreichen. Mit dem oberen Boden belegen und andrücken. Rand und Oberfläche mit der restlichen Creme bestreichen.

5 Zum Garnieren Kuchen mit Mandeln und Schoko-Rosinen garnieren.

Birnen-Walnuss-Brot

Zutaten

Zum Vorbereiten:
100 g getrocknete Birnen
2 EL Zitronensaft

Für den Teig:
250 g Weizenmehl
3 gestr. TL Backpulver
125 g Zucker
1 Msp. Salz
2 Pck. Finesse Geriebene Zitronenschale
125 g zerlassene, abgekühlte Butter oder Margarine
3 Eier (Größe M)
2 EL Zitronensaft
1 Becher (150 g) saure Sahne
150 g gehackte Walnusskerne

Zubereitungszeit:
25 Minuten, ohne Durchziehzeit

Insgesamt:
E: 78 g, F: 200 g, Kh: 395 g, kJ: 16089, kcal: 3843

ZUM VERSCHENKEN

1 Zum Vorbereiten Birnen klein schneiden, mit Zitronensaft beträufeln und etwas durchziehen lassen.

2 Für den Teig Mehl mit Backpulver mischen, in eine verschließbare Schüssel (3-Liter-Inhalt) sieben, mit Zucker, Salz und Zitronenschale mischen. Butter oder Margarine, Eier, Zitronensaft und Sahne hinzufügen, Schüssel mit dem Deckel fest verschließen. Mehrmals (insgesamt 15–30 Sekunden, je nach Menge der Zutaten) kräftig schütteln, so dass alle Zutaten gut vermischt sind. Walnusskerne und Birnen hinzugeben, alles mit einem Schneebesen oder Rührlöffel nochmals sorgfältig durchrühren, damit vor allem trockene Zutaten vom Rand mit untergerührt werden.

3 Den Teig in eine Kastenform (30 x 11 cm, gefettet, mit Backpapier ausgelegt) füllen, glatt streichen. Die Form auf dem Rost in den Backofen schieben.

Ober-/Unterhitze: etwa 180 °C (vorgeheizt)
Heißluft: etwa 160 °C (nicht vorgeheizt)
Gas: Stufe 2–3 (nicht vorgeheizt)
Backzeit: etwa 65 Minuten.

4 Das Brot evtl. nach 40 Minuten mit Backpapier abdecken.

5 Das Brot etwa 10 Minuten in der Form stehen lassen, aus der Form lösen, Backpapier entfernen und auf einem Kuchenrost erkalten lassen.

Tipp: *Das Brot in Klarsichtfolie verpacken, mit einer dekorativen Schleife zubinden – ideal als Geschenk.*

Arabischer Safrankuchen

Zutaten

Zum Vorbereiten:
60 g Pinienkerne
100 g getrocknete, entsteinte Aprikosen
100 g getrocknete, entsteinte Datteln
50 g Rosinen

Für den Teig:
300 g Weizenmehl
1 Pck. Backpulver
1 Pck. Saucen-Pulver Vanille-Geschmack
½ Döschen gemahlener Safran (0,1 g)
180 g Zucker
5 Eier (Größe M)
100 g Kefir
125 ml (⅛ l) Speiseöl

Zum Bestreichen:
2 EL Aprikosenkonfitüre
1 EL Wasser
evtl. einige Tropfen Rosenwasser

Zubereitungszeit:
35 Minuten

Insgesamt:
E: 98 g, F: 194 g, Kh: 606 g, kJ: 19956, kcal: 4767

GUT VORZUBEREITEN – ETWAS TEURER

1 Zum Vorbereiten Pinienkerne in einer Pfanne ohne Fett goldbraun rösten. Aprikosen und Datteln in kleine Würfel schneiden. Aprikosen, Datteln, Rosinen und Pinienkerne mischen.

2 Für den Teig Mehl mit Backpulver mischen, in eine verschließbare Schüssel (3-Liter-Inhalt) sieben, mit Saucenpulver, Safran und Zucker mischen. Eier, Kefir und Öl hinzufügen, Schüssel mit dem Deckel fest verschließen. Mehrmals (insgesamt 15–30 Sekunden, je nach Menge der Zutaten) kräftig schütteln, so dass alle Zutaten gut vermischt sind. Alles mit einem Schneebesen oder Rührlöffel nochmals sorgfältig durchrühren, damit vor allem trockene Zutaten vom Rand mit untergerührt werden.

3 Vorbereitete Trockenobst-Nuss-Mischung halbieren. Eine Hälfte der Mischung unter den Teig heben.

4 Teig in eine Springform (Ø 26 cm, Boden gefettet) füllen, glatt streichen. Restliche Trockenobst-Nuss-Mischung darüber streuen. Form auf dem Rost in den Backofen schieben.

Ober-/Unterhitze: etwa 180 °C (vorgeheizt)
Heißluft: etwa 160 °C (nicht vorgeheizt)
Gas: Stufe 2–3 (nicht vorgeheizt)
Backzeit: etwa 45 Minuten.

5 Den Kuchen etwa 10 Minuten in der Form stehen lassen, aus der Form lösen und auf einem Kuchenrost erkalten lassen.

6 Zum Bestreichen Konfitüre durch ein Sieb streichen, mit Wasser aufkochen, Rosenwasser einrühren. Kuchen damit bestreichen und fest werden lassen.

Tipp: *Den Kuchen, sollte er zu dunkel werden, evtl. mit Backpapier abdecken.*

Krümelkuchen

Zutaten

Für den Teig:
150 g Weizenmehl
3 gestr. TL Backpulver
1 Pck. Saucen-Pulver Vanille-Geschmack
100 g Zucker
1 Pck. Vanillin-Zucker
4 Eier (Größe M)
150 g zerlassene, abgekühlte Butter oder Margarine

Für den Guss:
etwa 2 EL Nesquik Schoko-Sirup

Für die Krümel:
100 g fein gewürfelte Schokoladen-Orangenbiskuits

Zum Bestäuben:
1 EL Puderzucker

Zum Verzieren:
200 ml Schlagsahne
1 Pck. Vanillin-Zucker
1 Pck. Sahnesteif
Schokoladen-Orangenbiskuits

Zubereitungszeit:
25 Minuten, ohne Abkühlzeit

Insgesamt:
E: 65 g, F: 232 g, Kh: 360 g,
kJ: 16380, kcal: 3915

FÜR KINDER

1 Für den Teig Mehl mit Backpulver mischen, in eine verschließbare Schüssel (3-Liter-Inhalt) sieben, mit Saucen-Pulver, Zucker und Vanillin-Zucker mischen. Eier und Butter oder Margarine hinzufügen, Schüssel mit dem Deckel fest verschließen. Mehrmals (insgesamt 15–30 Sekunden, je nach Menge der Zutaten) kräftig schütteln, so dass alle Zutaten gut vermischt sind. Alles mit einem Schneebesen oder Rührlöffel nochmals sorgfältig durchrühren, damit vor allem trockene Zutaten vom Rand mit untergerührt werden.

2 Den Teig in eine Springform (Ø 26 cm, Boden gefettet) füllen und glatt streichen.

3 Für den Guss Schoko-Sirup direkt aus der Flasche spiralförmig auf den Teig spritzen.

4 Für die Krümel Gebäckwürfel über den Teig streuen. Die Form auf dem Rost in den Backofen schieben.

Ober-/Unterhitze: etwa 180 °C (vorgeheizt)
Heißluft: etwa 160 °C (nicht vorgeheizt)
Gas: Stufe 2–3 (nicht vorgeheizt)
Backzeit: 35–40 Minuten.

5 Den Kuchen aus der Form lösen und auf einem Kuchenrost erkalten lassen. Mit Puderzucker bestäuben.

6 Zum Verzieren Sahne ½ Minute schlagen, Vanillin-Zucker mit Sahnesteif mischen, einrieseln lassen. Sahne steif schlagen, in einen Spritzbeutel mit Sterntülle füllen. Torte mit der Sahne und Schokoladen-Orangenbiskuits verzieren.

Kokosrosette

Zutaten

Für den Belag:
50 g Butter
75 g Zucker
1 Pck. Vanillin-Zucker
1 EL Milch
75 g Kokosraspel

Für den Teig:
150 g Weizenmehl
3 gestr. TL Backpulver
30 g Zucker
50 g zerlassene, abgekühlte Butter oder Margarine
75 g Naturjoghurt
3 EL Milch

Zum Bestreichen:
2 EL Milch

Zum Garnieren:
50 g Halbbitter-Kuvertüre

Zubereitungszeit:
20 Minuten, ohne Abkühlzeit

Insgesamt:
E: 28 g, F: 153 g, Kh: 262 g, kJ: 10882, kcal: 2600

RAFFINIERT

1 Für den Belag Butter zerlassen, nach und nach Zucker, Vanillin-Zucker und Milch unterrühren, Kokosraspel hinzufügen, gut verrühren und erkalten lassen.

2 Für den Teig Mehl mit Backpulver mischen, in eine verschließbare Schüssel (3-Liter-Inhalt) sieben, mit Zucker mischen. Butter oder Margarine, Joghurt und Milch hinzufügen, Schüssel mit dem Deckel fest verschließen. Mehrmals (insgesamt 15–30 Sekunden, je nach Menge der Zutaten) kräftig schütteln, so dass alle Zutaten gut vermischt sind. Alles mit einem Rührlöffel nochmals sorgfältig durchrühren, damit vor allem trockene Zutaten vom Rand mit untergerührt werden.

3 Den Teig mit einer Gabel durcharbeiten, dann mit gemehlten Fingern in eine Rosettenform (Ø 30 cm, gefettet) drücken, mit Milch bestreichen.

4 Die Kokosmasse gleichmäßig darauf verteilen. Die Form auf dem Rost in den Backofen schieben.

Ober-/Unterhitze: etwa 180 °C (vorgeheizt)
Heißluft: etwa 160 °C (vorgeheizt)
Gas: Stufe 2–3 (vorgeheizt)
Backzeit: etwa 25 Minuten.

5 Den Kuchen aus der Form lösen, auf einen Kuchenrost stürzen, erkalten lassen.

6 Zum Garnieren Kuvertüre in kleine Stücke schneiden, in einem kleinen Topf im Wasserbad bei schwacher Hitze zu einer geschmeidigen Masse verrühren. Kuvertüre in einen Gefrierbeutel füllen, eine kleine Ecke abschneiden und den Kuchen blütenartig verzieren.

Tipp: *Kokosmasse eventuell während des Backens mit einem doppelten Bogen Backpapier abdecken, damit sie nicht zu braun wird. Anstelle einer Rosettenform kann der Kuchen auch in einer Springform (Ø 26 cm) gebacken werden, dann erhöht sich die Backzeit auf etwa 30 Minuten.*

Mandel-Orangen-Kuchen

Zutaten

Für den Teig:
250 g Weizenmehl
1 gestr. TL Backpulver
175 g Zucker
1 Pck. Vanillin-Zucker
50 g Hartweizengrieß
1 Msp. gemahlener Zimt
½ TL Finesse Orangenfrucht
4 Eier (Größe M)
125 g zerlassene, abgekühlte Butter oder Margarine
100 ml Speiseöl
150 g abgezogene, gemahlene Mandeln

Für die Füllung:
150 g Orangenmarmelade

Zum Bestreuen:
50 g abgezogene, gehobelte Mandeln

Zum Bestäuben:
Puderzucker

Zubereitungszeit:
25 Minuten

Insgesamt:
E: 106 g, F: 339 g, Kh: 525 g, kJ: 24521, kcal: 5857

RAFFINIERT

1 Für den Teig Mehl und Backpulver mischen, in eine verschließbare Schüssel (3-Liter-Inhalt) sieben, mit Zucker, Vanillin-Zucker, Grieß, Zimt und Orangenfrucht mischen. Eier, Butter oder Margarine und Öl hinzufügen, Schüssel mit dem Deckel fest verschließen. Mehrmals (insgesamt 15–30 Sekunden, je nach Menge der Zutaten) kräftig schütteln, so dass alle Zutaten gut vermischt sind. Mandeln hinzugeben. Alles mit einem Schneebesen oder Rührlöffel nochmals sorgfältig durchrühren, damit vor allem trockene Zutaten vom Rand mit untergerührt werden.

2 Ein Drittel des Teiges in einen Spritzbeutel mit kleiner Lochtülle oder in ein Schälchen füllen. Den restlichen Teig in eine Springform (Ø 26 cm, gefettet) geben und glatt streichen.

3 Für die Füllung Marmelade auf dem Teig verteilen. Teigrest mit dem Spritzbeutel gitterartig darüber spritzen oder mit dem Teelöffel kleine Häufchen darauf verteilen, mit Mandelblättchen bestreuen. Die Form auf dem Rost in den Backofen schieben.

Ober-/Unterhitze: etwa 180 °C (vorgeheizt)
Heißluft: etwa 160 °C (nicht vorgeheizt)
Gas: Stufe 2–3 (nicht vorgeheizt)
Backzeit: etwa 40 Minuten.

4 Den Kuchen aus der Form lösen und auf einem Kuchenrost erkalten lassen. Kuchen mit Puderzucker bestäuben.

Nusskuchen

Zutaten

Für den Teig:
300 g Weizenmehl
1 Pck. Backpulver
150 g Zucker
1 Pck. Vanillin-Zucker
4 Eier (Größe M)
100 g zerlassene, abgekühlte Butter oder Margarine
150 ml Eierlikör
1 Pck. Finesse Amaretto-Bittermandel-Aroma
50 g gemahlene Haselnusskerne
100 g Raspelschokolade

Für den Guss:
100 g Halbbitter-Kuvertüre
20 g Kokosfett

Zum Bestreuen:
100 g weiße Kuvertüre

Zubereitungszeit:
30 Minuten, ohne Abkühlzeit

Insgesamt:
E: 99 g, F: 270 g, Kh: 594 g,
kJ: 23425, kcal: 5595

GUT VORZUBEREITEN

1 Für den Teig Mehl mit Backpulver mischen, in eine verschließbare Schüssel (3-Liter-Inhalt) sieben, mit Zucker und Vanillin-Zucker mischen. Eier, Butter oder Margarine, Eierlikör und Aroma hinzufügen, Schüssel mit dem Deckel fest verschließen. Mehrmals (insgesamt 15–30 Sekunden, je nach Menge der Zutaten) kräftig schütteln, so dass alle Zutaten gut vermischt sind. Haselnusskerne und Raspelschokolade hinzugeben, alles mit einem Schneebesen oder Rührlöffel nochmals sorgfältig durchrühren, damit vor allem trockene Zutaten vom Rand mit untergerührt werden.

2 Den Teig in eine Springform (Ø 26 cm, gefettet) füllen und glatt streichen. Die Form auf dem Rost in den Backofen schieben.

Ober-/Unterhitze: etwa 180 °C (vorgeheizt)
Heißluft: etwa 160 °C (nicht vorgeheizt)
Gas: Stufe 2–3 (nicht vorgeheizt)
Backzeit: etwa 40 Minuten.

3 Kuchen aus der Form lösen und auf einem Kuchenrost erkalten lassen.

4 Für den Guss Kuvertüre in kleine Stücke hacken, mit dem Kokosfett in einem kleinen Topf im Wasserbad bei schwacher Hitze zu einer geschmeidigen Masse verrühren. Den Kuchen mit dem Guss überziehen.

5 Zum Bestreuen die Kuvertüre mit einem Sparschäler raspeln. Die Raspel auf den noch nicht ganz fest gewordenen Guss streuen, so dass sie am Kuchen haften bleiben, aber nicht schmelzen.

Getränkter Orangenkuchen

Zutaten

Für den Teig:
350 g Weizenmehl
50 g Speisestärke
2 gestr. TL Backpulver
300 g Zucker
1 Pck. Vanillin-Zucker
abgeriebene Schale von 1 Orange (unbehandelt)
abgeriebene Schale von ½ Zitrone (unbehandelt)
6 Eier (Größe M)
350 g zerlassene, abgekühlte Butter oder Margarine

Zum Tränken:
250 ml (¼ l) Orangensaft
Saft von 1 Zitrone (etwa 3 EL)
abgeriebene Schale von 1 Orange (unbehandelt)
abgeriebene Schale von ½ Zitrone (unbehandelt)
100 g Zucker

Zubereitungszeit:
40 Minuten

Insgesamt:
E: 89 g, F: 331 g, Kh: 737 g, kJ: 27088, kcal: 6473

ERFRISCHEND

1 Für den Teig Mehl, Speisestärke und Backpulver in eine verschließbare Schüssel (3-Liter-Inhalt) sieben, mit Zucker, Vanillin-Zucker, Orangen- und Zitronenschale mischen. Eier und Butter oder Margarine hinzufügen, Schüssel mit dem Deckel fest verschließen. Mehrmals (insgesamt 15–30 Sekunden, je nach Menge der Zutaten) kräftig schütteln, so dass alle Zutaten gut vermischt sind. Alle Zutaten mit einem Schneebesen oder Rührlöffel nochmals sorgfältig durchrühren, damit vor allem trockene Zutaten vom Rand mit untergerührt werden.

2 Den Teig in eine Napfkuchenform (Ø 24 cm, gefettet, gemehlt) füllen. Die Form auf dem Rost in den Backofen schieben.

Ober-/Unterhitze: 180–200 °C (vorgeheizt)
Heißluft: 160–180 °C (nicht vorgeheizt)
Gas: etwa Stufe 3 (nicht vorgeheizt)
Backzeit: etwa 60 Minuten.

3 Den Kuchen etwa 10 Minuten in der Form auf einen Kuchenrost stellen, dann aus der Form lösen, stürzen und in die gesäuberte Form zurückgeben. Mehrmals mit einem Holzstäbchen einstechen.

4 Zum Tränken Orangen- und Zitronensaft durch ein Sieb geben, dann mit Orangen- und Zitronenschale und Zucker verrühren. Die Hälfte des Saftes über den Kuchen gießen, den Kuchen stürzen. Die Oberfläche des Kuchens mehrmals mit einem Holzstäbchen einstechen und den restlichen Saft (durch ein Sieb geben) darüber gießen.

Eierlikörkuchen

Zutaten

Für den Teig:
125 g Weizenmehl
125 g Speisestärke
4 gestr. TL Backpulver
250 g gesiebter Puderzucker
2 Pck. Vanillin-Zucker
5 Eier (Größe M)
250 ml (¼ l) Speiseöl
250 ml (¼ l) Eierlikör

Nach Belieben:
Puderzucker

Zubereitungszeit:
15 Minuten

Insgesamt:
E: 64 g, F: 295 g, Kh: 529 g,
kJ: 23224, kcal: 5545

GUT VORZUBEREITEN

1 Für den Teig Mehl mit Speisestärke und Backpulver mischen, in eine verschließbare Schüssel (3-Liter-Inhalt) sieben, mit Puderzucker und Vanillin-Zucker mischen. Eier, Öl und Eierlikör hinzufügen, Schüssel mit dem Deckel fest verschließen. Mehrmals (insgesamt 15–30 Sekunden, je nach Menge der Zutaten) kräftig schütteln, so dass alle Zutaten gut vermischt sind. Alles mit einem Schneebesen nochmals sorgfältig durchrühren, damit vor allem trockene Zutaten vom Rand mit untergerührt werden.

2 Den Teig in eine Gugelhupfform (Ø 22 cm, gefettet, gemehlt) füllen. Die Form auf dem Rost in den Backofen schieben.

Ober-/Unterhitze: etwa 180 °C (vorgeheizt)
Heißluft: etwa 160 °C (nicht vorgeheizt)
Gas: etwa Stufe 2–3 (nicht vorgeheizt)
Backzeit: etwa 60 Minuten.

3 Kuchen etwa 10 Minuten in der Form stehen lassen, auf einen Kuchenrost stürzen und erkalten lassen.

4 Nach Belieben den Eierlikörkuchen mit Puderzucker bestäuben.

Mini-Kuchen für den Kindergeburtstag

(3 kleine Kuchen)

Zutaten

Für den Teig:
300 g Weizenmehl
1 Pck. Backpulver
150 g Zucker
1 Pck. Vanillin-Zucker
4 Eier (Größe M)
175 g zerlassene, abgekühlte Butter oder Margarine
150 ml Buttermilch

100 g M&M's® minis (kleine Schokolinsen mit buntem Zuckerüberzug)

Für den Guss:
200 g Puderzucker
3–4 EL Zitronensaft
gelbe, grüne und rote Speisefarbe

Zubereitungszeit:
35 Minuten, ohne Abkühlzeit

Insgesamt:
E: 73 g, F: 177 g, Kh: 672 g, kJ: 19674, kcal: 4700

FÜR KINDER

1 Für den Teig Mehl mit Backpulver mischen, in eine verschließbare Schüssel (3-Liter-Inhalt) sieben, mit Zucker und Vanillin-Zucker mischen. Eier, Butter oder Margarine und Buttermilch hinzufügen, Schüssel mit dem Deckel fest verschließen. Mehrmals (insgesamt 15–30 Sekunden, je nach Menge der Zutaten) kräftig schütteln, so dass alle Zutaten gut vermischt sind. Alles mit einem Schneebesen nochmals sorgfältig durchrühren, damit vor allem trockene Zutaten vom Rand mit untergerührt werden.

2 Teig in drei kleine Kastenformen 9 x 18 cm, gefettet, mit Backpapier belegt) füllen. Schokolinsen auf den Teig streuen und mit einer Gabel leicht unterziehen. Die Formen auf dem Rost in den Backofen schieben.

Ober-/Unterhitze: etwa 180 °C (vorgeheizt)
Heißluft: etwa 160 °C (nicht vorgeheizt)
Gas: Stufe 2–3 (nicht vorgeheizt)
Backzeit: etwa 45 Minuten.

3 Den Kuchen etwa 10 Minuten in den Formen stehen lassen, dann aus der Forn nehmen, Backpapier entfernen und auf einem Kuchenrost erkalten lassen.

4 Für den Guss Puderzucker und Zitronensaft zu einer dicklichen Masse verrühren. Masse dritteln, jeweils ein Drittel mit einer Lebensmittelfarbe einfärben, als Fäden über die Kuchen ziehen, trocknen lassen.

Tipp: *Sie können den Teig auch in kleinen Gugelhupfformen backen.*

Kokosnusskuchen

Zutaten

Für den Teig:
250 g Weizenmehl
2 gestr. TL Backpulver
150 g Zucker
1 Prise Salz
3 Eier (Größe M)
150 g zerlassene, abgekühlte Butter oder Margarine
150 ml Milch
100 g Kokosraspel

Zum Bestäuben:
Puderzucker

Zubereitungszeit:
20 Minuten

Insgesamt:
E: 62 g, F: 213 g, Kh: 357 g, kJ: 15465, kcal: 3694

SCHNELL

1 Für den Teig Mehl und Backpulver mischen, in eine verschließbare Schüssel (3-Liter-Inhalt) sieben, mit Zucker und Salz mischen. Eier, Butter oder Margarine und Milch hinzufügen, Schüssel mit dem Deckel fest verschließen. Mehrmals (insgesamt 15–30 Sekunden, je nach Menge der Zutaten) kräftig schütteln, so dass alle Zutaten gut vermischt sind. Kokosraspel hinzufügen, alles mit einem Schneebesen oder Rührlöffel nochmals sorgfältig durchrühren, damit vor allem trockene Zutaten vom Rand mit untergerührt werden.

2 Teig in eine Gugelhupfform (Ø 22 cm, gefettet, gemehlt) füllen und glatt streichen. Die Form auf dem Rost in den Backofen schieben.

Ober-/Unterhitze: etwa 180 °C (vorgeheizt)
Heißluft: etwa 160 °C (nicht vorgeheizt)
Gas: Stufe 2–3 (nicht vorgeheizt)
Backzeit: etwa 45 Minuten.

3 Den Kuchen etwa 10 Minuten in der Form stehen lassen, auf einen mit Backpapier belegten Kuchenrost stürzen, erkalten lassen. Den Kuchen mit Puderzucker bestäuben.

Tipp: *Statt Kokosraspel können Sie auch die gleiche Menge gehobelte Haselnusskerne oder gemahlene Mandeln verwenden. Besprenkeln Sie den Kuchen nach dem Erkalten mit aufgelöster Schokolade.*

Limetten-Kokosnuss-Sirup-Kuchen

Zutaten

Für den Teig:
250 g Weizenmehl
2 gestr. TL Backpulver
170 g Zucker
abgeriebene Schale von einer Limette (unbehandelt)
3 Eier (Größe M)
150 g zerlassene, abgekühlte Butter oder Margarine
150 g Naturjogurt
100 g Kokosraspel

Für den Sirup:
100 ml Limettensaft
170 g Zucker
50 ml Wasser

Zubereitungszeit:
35 Minuten

Insgesamt:
E: 64 g, F: 214 g, Kh: 541 g, kJ: 18638, kcal: 4453

GUT VORZUBEREITEN

1 Für den Teig Mehl mit Backpulver mischen, in eine verschließbare Schüssel (3-Liter-Inhalt) sieben, mit Zucker und Limettenschale mischen. Eier, Butter oder Margarine und Joghurt hinzufügen, Schüssel mit dem Deckel fest verschließen. Mehrmals (insgesamt 15–30 Sekunden, je nach Menge der Zutaten) kräftig schütteln, so dass alle Zutaten gut vermischt sind. Kokosraspel hinzufügen, alles mit einem Schneebesen oder Rührlöffel nochmals sorgfältig verrühren, damit vor allem trockene Zutaten vom Rand mit untergerührt werden.

2 Teig in eine Gugelhupfform (Ø 22 cm, gefettet, gemehlt) füllen und glatt streichen. Die Form auf dem Rost in den Backofen schieben.

Ober-/Unterhitze: etwa 180 °C (vorgeheizt)
Heißluft: etwa 160 °C (nicht vorgeheizt)
Gas: Stufe 2–3 (nicht vorgeheizt)
Backzeit: etwa 45 Minuten.

3 Für den Sirup Limettensaft, Zucker und Wasser in einen Topf geben. Den Zucker bei milder Hitze unter Rühren langsam darin schmelzen lassen. Sirup etwa 2 Minuten ohne Deckel kochen lassen, dabei nicht umrühren.

4 Den Kuchen etwa 10 Minuten in der Form stehen lassen, auf einen mit Backpapier belegten Kuchenrost stürzen. Die Kuchenoberfläche mit einem Holzstäbchen mehrfach einstechen.

5 Kuchen mit dem Rost auf ein Backblech stellen, mit dem heißen Sirup beträufeln. Abgetropften Sirup wieder über den Kuchen träufeln, bis alles vom Kuchen aufgesogen ist. Kuchen erkalten lassen.

Tipp: *Nach Belieben den Kuchen mit Kokosraspeln bestreuen und mit Limettenscheiben garnieren.*

Gewürz-Karamell-Kuchen

Zutaten

Für den Teig:
250 g Weizenmehl
2 gestr. TL Backpulver
120 g brauner Zucker
1 TL gemahlener Zimt
½ TL gemahlene Muskatblüte (Macis)
½ TL gemahlener Ingwer
2 Eier (Größe M)
170 g zerlassene, abgekühlte Butter oder Margarine
2 EL heller Sirup (40 g)
125 ml (⅛ l) Milch

Für den Sirup:
1 Vanilleschote
150 g Zucker
80 ml Zitronensaft
60 ml Wasser
Schale von 1 Zitrone (unbehandelt)
4 grüne Kardamomkapseln
1 Zimtstange

Zubereitungszeit:
50 Minuten,
ohne Abkühlzeit

Insgesamt:
E: 49 g, F: 161 g, Kh: 502 g,
kJ: 15694, kcal: 3749

ZUM VERSCHENKEN

1 Für den Teig Mehl mit Backpulver mischen, in eine verschließbare Schüssel (3-Liter-Inhalt) sieben, mit Zucker, Zimt, Muskat und Ingwer mischen. Eier, Butter oder Margarine, Sirup und Milch hinzufügen, Schüssel mit dem Deckel fest verschließen. Mehrmals (insgesamt 15–30 Sekunden, je nach Menge der Zutaten) kräftig schütteln, so dass alle Zutaten gut vermischt sind. Alles mit einem Schneebesen oder Rührlöffel nochmals sorgfältig durchrühren, damit vor allem trockene Zutaten vom Rand mit untergerührt werden.

2 Teig in eine Gugelhupfform (Ø 22 cm, gefettet, gemehlt) füllen, glatt streichen. Die Form auf dem Rost in den Backofen schieben.

Ober-/Unterhitze: etwa 180 °C (vorgeheizt)
Heißluft: etwa 160 °C (nicht vorgeheizt)
Gas: Stufe 2–3 (nicht vorgeheizt)
Backzeit: etwa 45 Minuten.

3 Für den Sirup Vanilleschote längs aufschneiden und das Mark herausschaben. Zucker in einem Topf goldgelb karamellisieren lassen, mit Zitronensaft und Wasser ablöschen. So lange rühren, bis sich der Karamell aufgelöst hat. Zitronenschale, Kardamomkapseln, Zimtstange und Vanillemark und -schote hinzufügen, die Zutaten etwa 3 Minuten köcheln lassen.

4 Kuchen 10 Minuten in der Form stehen lassen, auf einen mit Backpapier belegten Kuchenrost stürzen. Mehrmals mit einem Holzstäbchen einstechen. Kuchenrost auf eine Platte stellen. Vanilleschote, Kardamomkapseln und Zimtstange aus dem Sirup nehmen. Kuchen mit dem Sirup beträufeln. Abgetropften Sirup wieder über den Kuchen träufeln, bis alles vom Kuchen aufgesogen ist. Kuchen erkalten lassen.

Tipp: *Zur Dekoration die Vanilleschote in die Gugelhupfform legen. Teig in die Form füllen und backen.*

Traubenwähe

Zutaten

Für den Teig:
200 g Weizenmehl
2 gestr. TL Trockenhefe
50 g Zucker
1 Pck. Vanillin-Zucker
50 g zerlassene, abgekühlte Butter oder Margarine
10 EL (120 ml) warme Milch

Für den Belag:
je 250 g helle und dunkle Weintrauben

Für den Guss:
100 ml Schlagsahne
1 Eigelb (Größe M)
1 Pck. Saucenpulver Vanille-Geschmack (ohne Kochen)
1 EL Zucker

Zubereitungszeit:
30 Minuten, ohne Teiggehzeit

Insgesamt:
E: 35 g, F: 85 g, Kh: 316 g, kJ: 9481, kcal: 2266

EINFACH

1 Für den Teig Mehl in eine verschließbare Schüssel (3-Liter-Inhalt) sieben, mit Trockenhefe, Zucker und Vanillin-Zucker mischen. Butter oder Margarine und Milch hinzufügen, Schüssel mit dem Deckel fest verschließen. Mehrmals (insgesamt 15–30 Sekunden, je nach Menge der Zutaten) kräftig schütteln, so dass alle Zutaten gut vermischt sind. Alles mit einem Rührlöffel nochmals sorgfältig durchrühren, damit vor allem trockene Zutaten vom Rand mit untergerührt werden.

2 Den Teig gleichmäßig in eine Tarteform (Ø 28 cm) oder eine Springform (Ø 26 cm, gefettet) füllen, am Rand etwas hochdrücken. Zugedeckt bei Zimmertemperatur etwa 15 Minuten stehen lassen.

3 Für den Belag Weintrauben waschen, trockentupfen, halbieren, entkernen und dachziegelartig auf dem Teig verteilen.

4 Für den Guss Sahne mit Eigelb, Saucenpulver und Zucker verrühren. Guss über die Trauben gießen. Die Form auf dem Rost in den Backofen schieben.

Ober-/Unterhitze: etwa 200 °C (vorgeheizt)
Heißluft: etwa 180 °C (vorgeheizt)
Gas: Stufe 3–4 (vorgeheizt)
Backzeit: etwa 30 Minuten.

Tipp: *Anstelle von Trockenhefe kann auch ein Päckchen Hefeteig Garant verwendet werden. Hefeteig Garant ist ein spezielles Backtriebmittel für alle Hefeteige. Die lange Teiggehzeit entfällt. Das Aufgehen des Teiges erfolgt während des Backvorganges.*

Sonnenblumentarte

Zutaten

Für den Teig:
150 g Weizenmehl (Type 550)
1 gestr. TL Backpulver
100 g Zucker
½ TL gemahlener Zimt
1 Ei (Größe M)
100 g zerlassene, abgekühlte Butter oder Margarine
6 EL Milch
30 g Mohnsamen

Für den Belag:
1 kleine Dose Pfirsichhälften (Abtropfgewicht 250 g)

Für den Guss:
100 g Zucker
2 EL flüssiger Honig (30 g)
3 EL Schlagsahne
60 g Butter
60 g Sonnenblumenkerne

Zubereitungszeit:
35 Minuten

Insgesamt:
E: 50 g, F: 197 g, Kh: 394 g, kJ: 15275, kcal: 3650

RAFFINIERT

1 Für den Teig Mehl mit Backpulver mischen, in eine verschließbare Schüssel (3-Liter-Inhalt) sieben, mit Zucker und Zimt mischen. Ei, Butter oder Margarine und Milch hinzufügen, Schüssel mit dem Deckel fest verschließen. Mehrmals (insgesamt 15–30 Sekunden, je nach Menge der Zutaten) kräftig schütteln, so dass alle Zutaten gut vermischt sind. Mohn hinzugeben, alles mit einem Schneebesen oder Rührlöffel nochmals sorgfältig durchrühren, damit vor allem trockene Zutaten vom Rand mit untergerührt werden.

2 Den Teig in eine Tarteform (Ø 30 cm, gefettet) füllen und glatt streichen.

3 Für den Belag Pfirsiche in einem Sieb abtropfen lassen, in Spalten schneiden und auf den Teigrand legen.

4 Für den Guss Zucker, Honig, Sahne, Butter und Sonnenblumenkerne in einem Topf erhitzen, bis der Zucker geschmolzen ist. Die Masse ohne Deckel etwas einkochen lassen.

5 Den heißen Guss auf dem Kuchen verteilen. Form auf dem Rost in den Backofen schieben.

Ober-/Unterhitze: etwa 200 °C (vorgeheizt)
Heißluft: etwa 180 °C (nicht vorgeheizt)
Gas: Stufe 3–4 (nicht vorgeheizt)
Backzeit: etwa 35 Minuten.

6 Die Form auf einen Kuchenrost stellen und erkalten lassen. Die Tarte rundherum mit einem Messer lösen, in Stücke schneiden.

Heidelbeertarte

Zutaten

Für den Teig:
250 g Dinkel-Vollkornmehl
2 gestr. TL Backpulver
120 g brauner Zucker
1 Prise Salz
2 Eier (Größe M)
8 EL (100 ml) Milch
5 EL (50 ml) Nussöl
3 EL Speiseöl

Für den Belag:
1 Pck. (300 g)
TK-Heidelbeeren

Zum Bestäuben:
Puderzucker

Zubereitungszeit:
25 Minuten

Insgesamt:
E: 47 g, F: 100 g, Kh: 372 g, kJ: 11257, kcal: 2687

KLASSISCH

1 Für den Teig Mehl und Backpulver in einer verschließbaren Schüssel (3-Liter-Inhalt) mischen. Zucker, Salz, Eier, Milch, Nuss- und Speiseöl hinzufügen, Schüssel mit dem Deckel fest verschließen. Mehrmals (insgesamt 15–30 Sekunden, je nach Menge der Zutaten) kräftig schütteln, so dass alle Zutaten gut vermischt sind. Alles mit einem Schneebesen oder Rührlöffel nochmals sorgfältig durchrühren, damit vor allem trockene Zutaten vom Rand mit untergerührt werden.

2 Den Teig in eine Tarteform (Ø 30 cm, gefettet) füllen und mit gefrorenen Heidelbeeren bestreuen. Form auf dem Rost in den Backofen schieben.

Ober-/Unterhitze: etwa 180 °C (vorgeheizt)
Heißluft: etwa 160 °C (nicht vorgeheizt)
Gas: Stufe 2–3 (nicht vorgeheizt)
Backzeit: etwa 35 Minuten.

3 Die Form auf einen Kuchenrost stellen und erkalten lassen. Tarte vor dem Servieren mit Puderzucker bestäuben. Nach Belieben die erkaltete Tarte mit Hilfe eines Pfannenwenders aus der Form nehmen und auf eine Platte legen.

Tipp: *Gut schmeckt dazu Eierlikörsahne. Dazu unter 250 ml (¼ l) steif geschlagene Sahne 3 Esslöffel Eierlikör heben.*

Pflaumentarte

Zutaten

Zum Vorbereiten:
600 g Pflaumen

Für den Teig:
125 g Weizenmehl
2 gestr. TL Backpulver
75 g feinster Zucker
1 Pck. Vanillin-Zucker
1 Ei (Größe M)
100 g Magerquark
100 ml Speiseöl
100 ml Schlagsahne

Für die Form:
20 g abgezogene, gemahlene Mandeln

Für den Guss:
100 ml Schlagsahne
1 Ei (Größe M)
25 g abgezogene, gemahlene Mandeln
1 EL Zucker

Zubereitungszeit:
30 Minuten

Insgesamt:
E: 59 g, F: 201 g, Kh: 270 g, kJ: 13745, kcal: 3283

FRUCHTIG – EINFACH

1 Zum Vorbereiten Pflaumen waschen, halbieren, entsteinen, einschneiden.

2 Für den Teig Mehl mit Backpulver mischen, in eine verschließbare Schüssel (3-Liter-Inhalt) sieben, mit Zucker und Vanillin-Zucker mischen. Ei, Quark, Öl und Sahne hinzufügen, Schüssel mit dem Deckel fest verschließen. Mehrmals (insgesamt 15–30 Sekunden, je nach Menge der Zutaten) kräftig schütteln, so dass alle Zutaten gut vermischt sind. Alles mit einem Schneebesen oder Rührlöffel nochmals sorgfältig durchrühren, damit vor allem trockene Zutaten vom Rand mit untergerührt werden.

3 Eine Tarteform (Ø 28 cm, gefettet) mit Mandeln ausstreuen, den Teig hineingeben und glatt streichen. Die Pflaumen dachziegelartig darauf verteilen. Die Form auf dem Rost in den Backofen schieben.

Ober-/Unterhitze: etwa 180 °C (vorgeheizt)
Heißluft: etwa 160 °C (nicht vorgeheizt)
Gas: Stufe 2–3 (nicht vorgeheizt)
Backzeit: etwa 45 Minuten.

4 Für den Guss Sahne, Ei, Mandeln und Zucker gut verrühren. Guss nach 20 Minuten Backzeit auf der Tarte verteilen. Bei gleicher Temperatureinstellung fertig backen.

5 Die Form auf einen Kuchenrost stellen und den Kuchen erkalten lassen.

Tipp: *Dazu geschlagene Sahne oder Vanillesauce reichen.*

Sanddorn-Krümel-Torte

Zutaten

Für den Teig:
200 g Weizenmehl
2 gestr. TL Backpulver
120 g Zucker
1 Pck. Vanillin-Zucker
3 Eier (Größe M)
150 g zerlassene, abgekühlte Butter oder Margarine
6 EL Buttermilch
5 EL Sanddorn Vollfrucht mit Rohrzucker (Reformhaus)

Für die Krümel:
40 g Butter oder Margarine
60 g Weizenmehl
40 g Zucker
50 g abgezogene, gestiftelte Mandeln

Puderzucker

Zubereitungszeit:
30 Minuten

Insgesamt:
E: 65 g, F: 207 g, Kh: 368 g, kJ: 15645, kcal: 3738

RAFFINIERT

1 Für den Teig Mehl mit Backpulver mischen, in eine verschließbare Schüssel (3-Liter-Inhalt) sieben, mit Zucker und Vanillin-Zucker mischen. Eier, Butter oder Margarine und Buttermilch hinzufügen, Schüssel mit dem Deckel fest verschließen. Mehrmals (insgesamt 15–30 Sekunden, je nach Menge der Zutaten) kräftig schütteln, so dass alle Zutaten gut vermischt sind. Alles mit einem Schneebesen oder Rührlöffel nochmals sorgfältig durchrühren, damit vor allem trockene Zutaten vom Rand mit untergerührt werden.

2 Die Hälfte des Teiges in eine Springform (ø 20 cm, gefettet) füllen und glatt streichen. Sanddorn Vollfrucht zum restlichen Teig geben und verrühren. Sanddornteig auf die erste Teighälfte in die Springform füllen und verstreichen.

3 Für die Krümel Butter oder Margarine, Mehl und Zucker in einer Schüssel mischen und mit den Händen zu Krümeln verkneten, Mandeln unterheben. Krümel auf den Teig streuen. Form auf dem Rost in den Backofen schieben.

Ober-/Unterhitze: etwa 180 °C (vorgeheizt)
Heißluft: etwa 160 °C (nicht vorgeheizt)
Gas: Stufe 2–3 (nicht vorgeheizt)
Backzeit: etwa 35 Minuten.

4 Kuchen 10 Minuten in der Form stehen lassen, aus der Form lösen und auf einem Kuchenrost erkalten lassen. Den erkalteten Kuchen mit Puderzucker bestäuben.

Schokoladen-Buttermilch-Torte

Zutaten

Für den Teig:
200 g Weizenmehl
2 gestr. TL Backpulver
30 g Kakaopulver
170 g Zucker
1 Pck. Vanillin-Zucker
4 Eier (Größe M)
150 g zerlassene, abgekühlte Butter oder Margarine
125 ml (⅛ l) Buttermilch

Für die Füllung:
100 g Butter
200 g Halbbitter-Kuvertüre
200 g Schlagsahne
70 g gesiebter Puderzucker

Nach Belieben zum Garnieren:
Florentiner Plätzchen
Zuckerperlen

Zubereitungszeit:
1 Stunde, ohne Kühlzeit

Insgesamt:
E: 82 g, F: 385 g, Kh: 564 g, kJ: 26093 , kcal: 6234

FÜR GÄSTE

1 Für den Teig Mehl mit Backpulver und Kakao mischen, in eine verschließbare Schüssel (3-Liter-Inhalt) sieben, mit Zucker und Vanillin-Zucker mischen. Eier, Butter oder Margarine und Buttermilch hinzufügen, mit dem Deckel fest verschließen. Mehrmals (insgesamt 15–30 Sekunden, je nach Menge der Zutaten) kräftig schütteln, so dass alle Zutaten gut vermischt sind. Alles mit einem Schneebesen oder Rührlöffel nochmals sorgfältig durchrühren, damit vor allem trockene Zutaten vom Rand mit untergerührt werden.

2 Den Teig in eine Springform (Ø 24 oder 26 cm, Boden gefettet) füllen und glatt streichen. Form auf dem Rost in den Backofen schieben.

Ober-/Unterhitze: etwa 180 °C (vorgeheizt)
Heißluft: etwa 160 °C (nicht vorgeheizt)
Gas: Stufe 2–3 (nicht vorgeheizt)
Backzeit: etwa 45 Minuten.

3 Kuchen 5 Minuten in der Form stehen lassen, aus der Form lösen. Kuchen auf einem Kuchenrost erkalten lassen.

4 Für die Füllung Butter und Kuvertüre in kleine Stücke schneiden, mit Sahne und Puderzucker in einen Topf geben und bei milder Hitze schmelzen lassen, dabei gelegentlich umrühren. Schokomasse abkühlen lassen.

5 Sobald die Masse anfängt dicklich zu werden, sie mit einem Kochlöffel so lange rühren, bis sie streichfähig ist.

6 Den Kuchen zweimal waagerecht durchschneiden. Die Schokocreme halbieren. Eine Hälfte der Creme auf zwei Teigplatten streichen. Kuchen zusammensetzen und mit der restlichen Schokocreme Tortenrand und -oberfläche bestreichen. Torte zwei Stunden kalt stellen. Nach Belieben mit Florentiner Plätzchen und Zuckerperlen garnieren.

Doppeldecker-Torte mit Himbeeren

Zutaten

Für den Teig:
120 g Weizenmehl
1 gestr. TL Backpulver
80 g Zucker
40 g fein gehackte Blockschokolade
2 Eier (Größe M)
100 g zerlassene, abgekühlte Butter oder Margarine
3 EL Milch

Für die Quarkmasse:
70 g Zucker
etwas geriebene Zitronenschale (unbehandelt)
30 g Hartweizengrieß
4 EL Schlagsahne
250 g Sahnequark (40 %)

Zum Belegen:
100 g TK-Himbeeren

Zum Bestreuen:
Puder- oder Hagelzucker

Zubereitungszeit:
40 Minuten

Insgesamt:
E: 66 g, F: 152 g, Kh: 318 g, kJ: 12555, kcal: 2999

FÜR GÄSTE

1 Für den Teig Mehl mit Backpulver mischen, in eine verschließbare Schüssel (3-Liter-Inhalt) sieben, mit Zucker und Schokolade mischen. Eier, Butter oder Margarine und Milch hinzufügen, Schüssel mit dem Deckel fest verschließen. Mehrmals (insgesamt 15–30 Sekunden, je nach Menge der Zutaten) kräftig schütteln, so dass alle Zutaten gut vermischt sind. Alles mit einem Schneebesen oder Rührlöffel nochmals sorgfältig durchrühren, damit vor allem trockene Zutaten vom Rand mit untergerührt werden.

2 Teig in eine Springform (Ø 20 cm, Boden gefettet) füllen. Form auf dem Rost in den Backofen schieben und vorbacken.

Ober-/Unterhitze: etwa 180 °C (vorgeheizt)
Heißluft: etwa 160 °C (vorgeheizt)
Gas: Stufe 2–3 (vorgeheizt)
Backzeit: etwa 15 Minuten.

3 Für die Quarkmasse Zucker, Zitronenschale, Grieß, Sahne und Quark in den Schüttelbecher geben, mit dem Deckel fest verschließen. Mehrmals kräftig schütteln, so dass alle Zutaten gut vermischt sind oder die Zutaten mit dem Schneebesen verrühren.

4 Kuchen auf einen Kuchenrost stellen und die Quarkmasse auf den vorgebackenen Kuchen geben. Himbeeren darauf legen und leicht andrücken. Kuchen wiederum auf dem Rost in den Backofen schieben und fertig backen.

Ober-/Unterhitze: etwa 180 °C (vorgeheizt)
Heißluft: etwa 160 °C (vorgeheizt)
Gas: Stufe 2–3 (vorgeheizt)
Backzeit: etwa 25 Minuten.

5 Den Kuchen etwa 10 Minuten in der Form lassen, aus der Form lösen und auf einem Kuchenrost erkalten lassen. Kuchen mit Puder- oder Hagelzucker bestreuen.

Nuss-Pudding-Torte

Zutaten

100 g Marzipan-Rohmasse
200 g Butter

Für den Teig:
200 g Weizenmehl
3 gestr. TL Backpulver
1 Pck. Pudding-Pulver Vanille-Geschmack
200 g Zucker
1 Pck. Vanillin-Zucker
4 Eier (Größe M), 1 Pck. Finesse Jamaica-Rum-Aroma
100 ml Schlagsahne
150 g gemahlene, geröstete Haselnusskerne

Für den Belag:
1 ½ Pck. Pudding-Pulver Vanille-Geschmack
750 ml (¾ l) Milch
75 g Zucker, 50 g Butter

Zum Bestreichen:
400 ml Schlagsahne
2 Pck. Sahnesteif

100 g Zartbitterschokolade
12 Meeresfrüchte-Pralinen

Zubereitungszeit:
40 Minuten

Insgesamt:
E: 135 g, F: 587 g, Kh: 727 g, kJ: 37620, kcal: 8985

GUT VORZUBEREITEN

1 Marzipan klein schneiden. Butter und Marzipan bei schwacher Hitze schmelzen, erkalten lassen.

2 Für den Teig Mehl und Backpulver mischen, in eine verschließbare Schüssel (3-Liter-Inhalt) sieben, mit Pudding-Pulver, Zucker und Vanillin-Zucker mischen. Eier, Butter-Marzipan-Mischung, Aroma und Sahne hinzufügen, Schüssel mit dem Deckel fest verschließen. Mehrmals (insgesamt 15–30 Sekunden, je nach Menge der Zutaten) kräftig schütteln, so dass alle Zutaten gut vermischt sind. Haselnusskerne hinzugeben. Alles mit einem Schneebesen oder Rührlöffel nochmals sorgfältig durchrühren, damit vor allem trockene Zutaten vom Rand mit untergerührt werden.

3 Teig in eine Springform (Ø 26 cm, Boden gefettet) füllen. Form auf dem Rost in den Backofen schieben.

Ober-/Unterhitze: etwa 180 °C (vorgeheizt)
Heißluft: etwa 160 °C (nicht vorgeheizt)
Gas: Stufe 2–3 (nicht vorgeheizt)
Backzeit: etwa 45 Minuten.

4 Kuchen etwa 10 Minuten in der Form stehen lassen, aus der Form lösen, auf einem Kuchenrost erkalten lassen.

5 Für den Belag aus Pudding-Pulver, Milch und Zucker nach Packungsanleitung einen Pudding zubereiten. Butter sofort unterrühren. Boden zweimal waagerecht durchschneiden, einen Tortenring um den unteren Boden stellen und die Hälfte des Puddings darauf streichen. Mittleren Boden auflegen, mit dem restlichen Pudding bestreichen und oberen Boden auflegen. Torte erkalten lassen.

6 Zum Bestreichen Sahne mit Sahnesteif steif schlagen, den Rand und die Tortenoberfläche damit bestreichen.

7 Schokolade hacken, in einem Topf im Wasserbad bei schwacher Hitze geschmeidig rühren und die Tortenoberfläche damit besprenkeln. Mit Pralinen garnieren.

Honig-Nougat-Kuppel

Zutaten

Für den Teig:
200 g Weizenmehl
2 gestr. TL Backpulver
1 Prise Salz
1 Msp. gemahlener Ingwer
3 Eier (Größe M)
130 g zerlassene, abgekühlte Butter oder Margarine
100 g flüssiger Honig
4 EL Milch

Für die Füllung:
100 g heller Nougat mit Krokant
400 ml Schlagsahne
2 EL Puderzucker
2 Pck. Sahnesteif

Für den Guss:
70 g Zartbitterschokolade
1 TL Honig
30 g Butter

Zubereitungszeit:
35 Minuten, ohne Kühlzeit

Insgesamt:
E: 69 g, F: 329 g, Kh: 364 g, kJ: 28218, kcal: 4833

RAFFINIERT

1 Für den Teig Mehl mit Backpulver mischen, in eine verschließbare Schüssel (3-Liter-Inhalt) sieben, mit Salz und Ingwer mischen. Eier, Butter oder Margarine, Honig und Milch hinzufügen, Schüssel mit dem Deckel fest verschließen. Mehrmals (insgesamt 15–30 Sekunden, je nach Menge der Zutaten) kräftig schütteln, so dass alle Zutaten gut vermischt sind. Alles mit einem Schneebesen oder Rührlöffel nochmals sorgfältig durchrühren, damit vor allem trockene Zutaten vom Rand mit untergerührt werden.

2 Teig in eine Springform (Ø 22 cm, Boden gefettet) füllen. Form auf dem Rost in den Backofen schieben.

Ober-/Unterhitze: etwa 180 °C (vorgeheizt)
Heißluft: etwa 160 °C (nicht vorgeheizt)
Gas: Stufe 2–3 (nicht vorgeheizt)
Backzeit: etwa 35 Minuten.

3 Kuchen lösen, auf einen Kuchenrost legen und erkalten lassen.

4 Den Kuchen mit einem Löffel bis auf 1–2 cm aushöhlen, dabei rundherum einen etwa 1 cm breiten Rand stehen lassen. Gebäckstücke mit den Händen zerbröseln.

5 Für die Füllung Nougat hacken, in einem kleinen Topf im Wasserbad geschmeidig rühren, erkalten lassen. Sahne ½ Minute schlagen. Puderzucker und Sahnesteif mischen, einrieseln lassen, Sahne steif schlagen und Nougat unterrühren.

6 Nougatsahne kuppelförmig in den ausgehöhlten Boden füllen. Brösel rundherum an die Sahne drücken.

7 Für den Guss Schokolade hacken. Schokolade, Honig und Butter in einen kleinen Topf geben und unter Rühren bei schwacher Hitze schmelzen lassen. Guss mit einem Teelöffel auf die Brösel sprenkeln. Kuchen mindestens eine Stunde kalt stellen.

Pina-Colada-Torte

Zutaten

Zum Vorbereiten:
40 g Kokosraspel

Für den Teig:
200 g Weizenmehl
3 gestr. TL Backpulver
125 g Zucker
1 Pck. Vanillin-Zucker
3 Eier (Größe M)
100 g zerlassene, abgekühlte Butter oder Margarine
100 ml Milch

Für den Belag:
6 Blatt weiße Gelatine
1 Dose Ananasringe (Abtropfgewicht 490 g)
75 ml Ananassaft
400 g Doppelrahm-Frischkäse
150 g Naturjoghurt
150 ml Kokosmilch
80 g Zucker
1 Pck. Vanillin-Zucker
1 Pck. Finesse Jamaica-Rum-Aroma

Zubereitungszeit:
40 Minuten, ohne Kühlzeit

Insgesamt:
E: 109 g, F: 266 g, Kh: 467 g, kJ: 20371, kcal: 4867

GUT VORZUBEREITEN

1 Zum Vorbereiten Kokosraspel in einer Pfanne ohne Fett goldgelb rösten.

2 Für den Teig Mehl mit Backpulver mischen, in eine verschließbare Schüssel (3-Liter-Inhalt) sieben, mit Zucker und Vanillin-Zucker mischen. Eier, Butter oder Margarine und Milch hinzufügen, Schüssel mit dem Deckel fest verschließen. Mehrmals (insgesamt 15–30 Sekunden, je nach Menge der Zutaten) kräftig schütteln, so dass alle Zutaten gut vermischt sind. Alles mit einem Schneebesen oder Rührlöffel nochmals sorgfältig durchrühren, damit vor allem trockene Zutaten vom Rand mit untergerührt werden. Kokosraspel unterheben. Teig in eine Springform (Ø 26 cm, gefettet, mit Mehl bestäubt) füllen. Die Form auf dem Rost in den Backofen schieben.

Ober-/Unterhitze: etwa 180 °C (vorgeheizt)
Heißluft: etwa 160 °C (vorgeheizt)
Gas: Stufe 2–3 (vorgeheizt)
Backzeit: etwa 30 Minuten.

3 Form auf einen Kuchenrost stellen, etwas abkühlen lassen und Kuchen aus der Form lösen.

4 Für den Belag Gelatine in kaltem Wasser nach Packungsanleitung einweichen. Ananas in einem Sieb abtropfen lassen, Saft auffangen und 75 ml davon abmessen. Die Hälfte der Ananasringe in kleine Würfel schneiden. Frischkäse, Joghurt, Kokosmilch, Zucker, Vanillin-Zucker und Aroma verrühren. Gelatine leicht ausdrücken. Gelatine mit Ananassaft in einem kleinen Topf unter Rühren auflösen, zu der Frischkäsecreme geben und gut verrühren. Creme kalt stellen. Wenn die Creme anfängt dicklich zu werden, die Ananaswürfel unterheben.

5 Um den Tortenboden den gesäuberten Springformrand oder einen Tortenring stellen. Frischkäsecreme hineingeben und glatt streichen. Die zurückgelassenen Ananasringe darauf verteilen. Torte mindestens 3 Stunden kalt stellen.

Schoko-Butter-Torte

Zutaten

Für den Teig:
150 g Weizenmehl
2 gestr. TL Backpulver
100 g feinster Zucker oder Puderzucker
20 g Kakaopulver
3 Eier (Größe M)
125 g zerlassene, abgekühlte Butter
150 g Naturjoghurt

Für den Belag:
1 Glas Sauerkirschen (Abtropfgewicht 370 g)
250 ml (¼ l) Kirschsaft
1 Pck. Tortenguss, rot
1 EL Zucker

Für die Füllung:
500 ml (½ l) Schlagsahne
2 Pck. Vanillin-Zucker
2 Pck. Sahnesteif

Zum Bestreichen:
75 g Zartbitterschokolade
1 TL Speiseöl
1 Pck. (150 g) Schokoplätzchen

Zubereitungszeit:
35 Minuten, ohne Abkühlzeit

Insgesamt:
E: 82 g, F: 357 g, Kh: 488 g, kJ: 23839, kcal: 5696

FÜR KINDER

1 Für den Teig Mehl mit Backpulver mischen, in eine verschließbare Schüssel (3-Liter-Inhalt) sieben, mit Zucker oder Puderzucker und Kakao mischen. Eier, Butter und Joghurt hinzufügen, Schüssel mit dem Deckel fest verschließen. Mehrmals (insgesamt 15–30 Sekunden, je nach Menge der Zutaten) kräftig schütteln, so dass alle Zutaten gut vermischt sind. Alles mit einem Schneebesen oder Rührlöffel nochmals sorgfältig durchrühren, damit vor allem trockene Zutaten vom Rand mit untergerührt werden.

2 Teig in eine Springform (Ø 22 cm, gefettet) füllen, glatt streichen. Form auf dem Rost in den Backofen schieben.

Ober-/Unterhitze: etwa 180 °C (vorgeheizt)
Heißluft: etwa 160 °C (nicht vorgeheizt)
Gas: Stufe 2–3 (nicht vorgeheizt)
Backzeit: etwa 35 Minuten.

3 Den Boden aus der Form lösen, auf einem mit Backpapier belegten Kuchenrost erkalten lassen. Den erkalteten Boden bis auf 1–2 cm so aushöhlen, dass ein 1 cm breiter Rand stehen bleibt. Gebäckstücke zerbröseln, beiseite stellen. Für den Belag Sauerkirschen in ein Sieb zum Abtropfen geben, Saft auffangen und 250 ml (¼) abmessen.

4 Aus Tortenguss, Zucker und Kirschsaft nach Packungsanleitung einen Guss zubereiten, Kirschen unterheben. Die Kirschmasse etwas abkühlen lassen, in den ausgehöhlten Boden geben und glatt streichen. Die Torte kalt stellen.

5 Für die Füllung Sahne mit Vanillin-Zucker und Sahnesteif steif schlagen, kuppelförmig auf die Kirschen streichen und mit Bröseln bestreuen, etwas andrücken.

6 Zum Bestreichen Schokolade hacken, mit Öl in einem kleinen Topf im Wasserbad auflösen, den Kuchenrand damit bestreichen und mit den Schokoplätzchen garnieren. Restliche Plätzchen in die Sahne stecken.

Preiselbeer-Baumkuchen-Torte

Zutaten

Für den Teig:
100 g Weizenmehl
65 g Speisestärke
2 gestr. TL Backpulver
160 g Zucker
160 g zerlassene, abgekühlte Butter oder Margarine
4 Eier (Größe M)
3 EL Cointreau (Orangenlikör)

Für den Belag:
6 Blatt weiße Gelatine
500 g Mascarpone (italienischer Frischkäse)
250 g Magerquark
80 g Zucker
2 EL Zitronensaft
1 Glas Wild-Preiselbeer-Dessert (Abtropfgewicht 395 g)

Nach Belieben zum Garnieren:
100 ml Schlagsahne
weiße Raspelschokolade

Zubereitungszeit:
30 Minuten

Insgesamt:
E: 105 g, F: 406 g, Kh: 461 g, kJ: 25870, kcal: 6184

ETWAS AUFWENDIGER

1 Für den Teig Mehl mit Speisestärke und Backpulver mischen, in eine verschließbare Schüssel (3-Liter-Inhalt) sieben, mit Zucker mischen. Butter oder Margarine, Eier und Cointreau hinzufügen, Schüssel mit dem Deckel fest verschließen. Mehrmals (insgesamt 15–30 Sekunden, je nach Menge der Zutaten) kräftig schütteln, so dass alle Zutaten gut vermischt sind. Alles mit einem Schneebesen oder Rührlöffel nochmals sorgfältig durchrühren, damit vor allem trockene Zutaten vom Rand mit untergerührt werden.

2 Zwei Esslöffel Teig in eine Springform (Ø 26 cm, Boden gefettet, mit Backpapier belegt) füllen, glatt streichen. Form auf dem Rost in den Backofen schieben (Abstand zwischen Grill und Teig etwa 20 cm). Die Teigschicht unter dem vorgeheizten Grill hellbraun backen. Als zweite Schicht wieder 2 Esslöffel Teig auf die gebackene Schicht streichen, wieder unter den Grill schieben , auf diese Weise den ganzen Teig verarbeiten. Kuchen auf einen Kuchenrost stürzen, Backpapier abziehen und erkalten lassen.

3 Für den Belag 4 Blatt Gelatine in kaltem Wasser nach Packungsanleitung einweichen. Mascarpone, Quark, Zucker und Zitronensaft verrühren. 150 g abgetropfte Preiselbeeren unterrühren. Die ausgedrückte Gelatine in einem kleinen Topf bei schwacher Hitze unter Rühren erwärmen (nicht kochen) bis sie völlig gelöst ist. 3 Esslöffel Creme zur Gelatine geben und verrühren. Alles zur Creme geben und gut verrühren.

4 Um den Baumkuchenboden den gesäuberten Springformrand oder einen Tortenring stellen. Preiselbeercreme darauf verteilen und eine Stunde kalt stellen.

5 Restliche Gelatine in kaltem Wasser nach Packungsanleitung einweichen, ausdrücken und auflösen. Die restlichen abgetropften Preiselbeeren hinzugeben und unterrühren. Preiselbeerguss auf der Torte verteilen und nochmals eine Stunde kalt stellen. Nach Belieben mit steif geschlagener Sahne und Raspelschokolade garnieren.

Kokos-Preiselbeer-Torte

auch Titelfoto

Zutaten

Für den Teig:
150 g Weizenmehl
2 gestr. TL Backpulver
100 g Zucker
25 g Kakaopulver
3 Eier (Größe M)
125 g zerlassene, lauwarme Butter oder Margarine
1 Pck. Finesse Jamaica-Rum-Aroma
100 ml Milch
50 g Kokosraspel (nach Belieben geröstet)

Für die Füllung:
1 Glas Wild-Preiselbeeren (Einwaage 210 g)

Für den Guss:
150 g Halbbitter-Kuvertüre
10 g Kokosfett

Zum Garnieren und Verzieren:
25 g weiße Kurvertüre
Kokosraspel

Zubereitungszeit:
30 Minuten, ohne Kühlzeit

Insgesamt:
E: 62 g, F: 240 g, Kh: 376 g, kJ: 16920, kcal: 4042

SCHNELL

1 Für den Teig Mehl mit Backpulver mischen, in eine verschließbare Schüssel (3-Liter-Inhalt) sieben, mit Zucker und Kakao mischen. Eier, Butter oder Margarine, Aroma und Milch hinzufügen, Schüssel mit dem Deckel fest verschließen. Mehrmals (insgesamt 15–30 Sekunden, je nach Menge der Zutaten) kräftig schütteln, so dass alle Zutaten gut vermischt sind. Kokosraspel hinzufügen und alles mit einem Schneebesen oder Rührlöffel nochmals sorgfältig durchrühren, damit vor allem trockene Zutaten vom Rand mit untergerührt werden.

2 Den Teig in eine Springform (Ø 24 cm, Boden gefettet, mit Backpapier belegt) füllen.

Ober-/Unterhitze: etwa 180 °C (vorgeheizt)
Heißluft: etwa 160 °C (vorgeheizt)
Gas: Stufe 2–3 (vorgeheizt)
Backzeit: etwa 30 Minuten.

3 Den Kuchen aus der Form lösen, stürzen und erkalten lassen, dann einmal waagerecht durchschneiden.

4 Für die Füllung den unteren Boden mit den Preiselbeeren bestreichen. Mit dem oberen Tortenboden bedecken und gut andrücken.

5 Für den Guss Kuvertüre in kleine Stücke hacken, mit dem Kokosfett in einem kleinen Topf im Wasserbad bei schwacher Hitze geschmeidig rühren, die Torte damit überziehen und den Guss fest werden lassen.

6 Zum Garnieren und Verzieren Kuvertüre wie oben angegeben auflösen, auf den fest gewordenen Guss tupfen und mit Kokosraspeln bestreuen.

Tipp: *Für die Abwandlung vom Titelfoto die Torte bis Punkt 4 zubereiten. Für den Belag 250 ml (¼ l) Schlagsahne mit 1 Päckchen Sahnesteif steif schlagen und auf der Torte verteilen. Die Torte mit geschabter zweifarbiger Schokolade und nach Belieben einigen Klecksen Wild-Preiselbeeren garnieren.*

Pfirsich-Nougat-Kuchen

Zutaten

Zum Vorbereiten:
1 Dose Pfirsichhälften
(Abtropfgewicht 500 g)
200 g Nuss-Nougat

Für den Teig:
250 g Weizenmehl
2 gestr. TL Backpulver
150 g Zucker
2 Eier (Größe M)
150 g zerlassene, abgekühlte Butter oder Margarine
6 EL Milch

Zum Bestreichen:
100 g Aprikosenkonfitüre

Zubereitungszeit:
40 Minuten

Insgesamt:
E: 64 g, F: 196 g, Kh: 608 g
kJ: 19200, kcal: 4589

RAFFINIERT

1 Zum Vorbereiten Pfirsichhälften in einem Sieb abtropfen lassen. Nougat in einem Topf im Wasserbad geschmeidig rühren.

2 Für den Teig Mehl mit Backpulver mischen, in eine verschließbare Schüssel (3-Liter-Inhalt) sieben, mit Zucker mischen. Butter oder Margarine, Eier und Milch hinzufügen, mit Deckel fest verschließen. Mehrmals (insgesamt 15–30 Sekunden, je nach Menge der Zutaten) kräftig schütteln, so dass alle Zutaten gut vermischt sind. Alles mit einem Schneebesen oder Rührlöffel nochmals sorgfältig durchrühren, damit vor allem trockene Zutaten vom Rand mit untergerührt werden.

3 Teig auf ein Backblech (30 x 40 cm, gefettet) geben und glatt streichen. Pfirsichhälften in Spalten schneiden und auf den Teig legen. Nougat mit einem Teelöffel kleckseweise zwischen den Pfirsichhälften verteilen. Das Backblech in den Backofen schieben.

Ober-/Unterhitze: etwa 200 °C (vorgeheizt)
Heißluft: etwa 180 °C (vorgeheizt)
Gas: Stufe 3–4 (vorgeheizt)
Backzeit: 20–25 Minuten.

4 Das Backblech auf einen Kuchenrost stellen. Zum Bestreichen Konfitüre mit Hilfe eines Pinsels auf den heißen Kuchen streichen. Kuchen erkalten lassen.

Buttermilchkuchen

Tassenkuchen

Zutaten

1 Tasse = etwa 150 ml

Für den Teig:
3 Tassen (je 100 g) Weizenmehl
1 Pck. Backpulver
2 Tassen (je 150 g) Zucker
1 Pck. Vanillin-Zucker
3 Eier (Größe M)
2 Tassen (je 150 ml) Buttermilch

Für den Belag:
½ Pck. (125 g) zerlassene Butter
1 Tasse (150 g) Zucker
2 Tassen (je 100 g) gehobelte Mandeln oder Haselnusskerne oder Kokosraspel

Zubereitungszeit:
20 Minuten

Insgesamt
E: 107 g, F: 234 g, Kh: 703 g, kJ: 23297, kcal: 5564

FÜR KINDER

1 Für den Teig Mehl mit Backpulver mischen, in eine verschließbare Schüssel (3-Liter-Inhalt) sieben, mit Zucker und Vanillin-Zucker mischen. Eier und Buttermilch hinzufügen, Schüssel mit dem Deckel fest verschließen. Mehrmals (insgesamt 15–30 Sekunden, je nach Menge der Zutaten) kräftig schütteln, so dass alle Zutaten gut vermischt sind. Alles mit einem Schneebesen oder Rührlöffel nochmals sorgfältig durchrühren, damit vor allem trockene Zutaten vom Rand mit untergerührt werden.

2 Teig auf ein Backblech (30 x 40 cm, gefettet) streichen. Das Backblech in den Backofen schieben und vorbacken.

Ober-/Unterhitze: etwa 180 °C (vorgeheizt)
Heißluft: etwa 160 °C (vorgeheizt)
Gas: Stufe 2–3 (vorgeheizt)
Backzeit: etwa 10 Minuten.

3 Für den Belag Butter, Zucker und Mandeln oder Haselnusskerne oder Kokosraspel in einem kleinen Topf aufkochen lassen. Die Masse auf den vorgebackenen Boden streichen. Backblech wieder in den Backofen schieben und fertig backen.

Ober-/Unterhitze: etwa 180 °C (vorgeheizt)
Heißluft: etwa 160 °C (vorgeheizt)
Gas: Stufe 2–3 (vorgeheizt)
Backzeit: etwa 15 Minuten.

4 Das Backblech auf einen Kuchenrost stellen, Kuchen erkalten lassen.

Tipp: *Statt Buttermilch kann auch Sahne oder Milch verwendet werden.*

Joghurtbecherkuchen

Zutaten

Für den Teig:
1 Becher (je 150 g) Naturjoghurt
3 Becher (je 100 g) Weizenmehl
2 gestr. TL Backpulver
2 Becher (je 150 g) Zucker
1 Pck. Finesse Geriebene Zitronenschale
3 Eier (Größe M)
1 Becher (150 ml) Speiseöl

Für den Belag:
1 Dose Aprikosenhälften (Abtropfgewicht 480 g)

Zum Bestreichen:
100 g Orangenmarmelade oder Aprikosenkonfitüre

Zum Bestreuen:
25 g gehackte Pistazienkerne

Zubereitungszeit:
30 Minuten

Insgesamt:
E: 70 g, F: 192 g, Kh: 687 g, kJ: 20578, kcal: 4914

EINFACH

1 Für den Teig Joghurt in eine verschließbare Schüssel (3-Liter-Inhalt) geben, Becher auswaschen und trocknen. Mehl mit Backpulver mischen, sieben, mit Zucker und Zitronenschale mischen und in die Schüssel geben. Eier, und Öl hinzufügen, Schüssel mit dem Deckel fest verschließen. Mehrmals (insgesamt 15–30 Sekunden, je nach Menge der Zutaten) kräftig schütteln, so dass alle Zutaten gut vermischt sind. Alles mit einem Schneebesen oder Rührlöffel nochmals sorgfältig durchrühren, damit vor allem trockene Zutaten vom Rand mit untergerührt werden.

2 Teig auf ein Backblech (30 x 40 cm, gefettet) streichen. Für den Belag Aprikosen in einem Sieb gut abtropfen lassen und auf dem Teig verteilen. Das Backblech in den Backofen schieben.

Ober-/Unterhitze: etwa 200 °C (vorgeheizt)
Heißluft: etwa 180 °C (vorgeheizt)
Gas: Stufe 3–4 (vorgeheizt)
Backzeit: etwa 30 Minuten.

3 Backblech auf einen Kuchenrost stellen. Zum Bestreichen Marmelade oder Konfitüre durch ein Sieb streichen und in einem kleinen Topf erwärmen. Den heißen Kuchen damit bestreichen.

4 Zum Bestreuen die Pistazienkerne auf die Kuchenoberfläche streuen.

Schneller Kirsch-Mandel-Kuchen

Zutaten

Zum Vorbereiten:
2 Gläser Sauerkirschen
(Abtropfgewicht je 370 g)

Für den Teig:
300 g Weizenmehl
3 gestr. TL Backpulver
150 g Zucker
1 Pck. Vanillin-Zucker
4 Eier (Größe M)
150 g zerlassene, abgekühlte Butter oder Margarine
100 g abgezogene, gemahlene Mandeln

Für den Guss:
150 g Puderzucker
etwas Kirschsaft

Zubereitungszeit:
20 Minuten, ohne Abkühlzeit

Insgesamt:
E: 88 g, F: 208 g, Kh: 681 g, kJ: 21629, kcal: 5164

EINFACH

1 Zum Vorbereiten Sauerkirschen in einem Sieb gut abtropfen lassen, evtl. mit Küchenpapier trockentupfen. Etwas Kirschsaft für den Guss zurückbehalten.

2 Für den Teig Mehl mit Backpulver mischen, in eine verschließbare Schüssel (3-Liter-Inhalt) sieben, mit Zucker und Vanillin-Zucker mischen. Eier und Butter oder Margarine hinzufügen, Schüssel mit dem Deckel fest verschließen. Mehrmals (insgesamt 15–30 Sekunden, je nach Menge der Zutaten) kräftig schütteln, so dass alle Zutaten gut vermischt sind, Mandeln hinzugeben. Alles mit einem Schneebesen oder Rührlöffel nochmals sorgfältig durchrühren, damit vor allem trockene Zutaten vom Rand mit untergerührt werden.

3 Den Teig auf ein Backblech (30 x 40 cm, gefettet, gemehlt) geben und glatt streichen, die Kirschen darauf verteilen. Das Backblech in den Backofen schieben.

Ober-/Unterhitze: etwa 180 °C (vorgeheizt)
Heißluft: etwa 160 °C (vorgeheizt)
Gas: Stufe 2–3 (vorgeheizt)
Backzeit: etwa 25 Minuten.

4 Das Backblech auf einen Kuchenrost stellen. Den Kuchen erkalten lassen.

5 Für den Guss Puderzucker sieben und mit so viel Kirschsaft anrühren, dass ein dickflüssiger Guss entsteht. Den Kuchen damit bestreichen.

Crème-fraîche-Becherkuchen

Zutaten

Für den Belag:
1 Becher (150 g) Crème fraîche
½ Pck. (125 g) Butter
1 Becher (150 g) Zucker
1 Pck. Vanillin-Zucker

Für den Teig:
3 Becher (je 100 g) Weizenmehl
1 Pck. Backpulver
1 Becher (150 g) Zucker
1 Pck. Finesse Geriebene Zitronenschale
3 Eier (Größe M)
2 Becher (je 150 g) Crème fraîche

Zum Bestreuen:
100 g abgezogene, gehobelte Mandeln

Zum Besprenkeln:
50 g Halbbitter-Kuvertüre
1 TL Speiseöl

Zubereitungszeit:
25 Minuten, ohne Abkühlzeit

Insgesamt:
E: 90 g, F: 336 g, Kh: 581 g, kJ: 24677, kcal: 5895

EINFACH – SCHNELL ZUZUBEREITEN

1 Für den Belag Crème fraîche in einen kleinen Topf geben, Becher auswaschen und trocknen. Butter, Zucker und Vanillin-Zucker hinzufügen und langsam erwärmen, von der Kochstelle nehmen.

2 Für den Teig Mehl mit Backpulver mischen, in eine verschließbare Schüssel (3-Liter-Inhalt) sieben, mit Zucker und Zitronenschale mischen. Eier und Crème fraîche hinzufügen, Schüssel mit dem Deckel fest verschließen. Mehrmals (insgesamt 15–30 Sekunden, je nach Menge der Zutaten) kräftig schütteln, so dass alle Zutaten gut vermischt sind. Alles mit einem Schneebesen oder Rührlöffel nochmals sorgfältig durchrühren, damit vor allem trockene Zutaten vom Rand mit untergerührt werden.

3 Den Teig in eine Fettfangschale (30 x 40 cm, gefettet) geben, glatt streichen. Die Fettfangschale in den Backofen schieben.

Ober-/Unterhitze: etwa 200 °C (vorgeheizt)
Heißluft: etwa 180 °C (vorgeheizt)
Gas: Stufe 3–4 (vorgeheizt)
Backzeit: etwa 25 Minuten.

4 Den Belag nach 10 Minuten Backzeit gleichmäßig auf dem Teig verteilen, mit Mandeln bestreuen. Kuchen bei gleicher Temperatureinstellung fertig backen.

5 Die Fettfangschale auf einen Kuchenrost stellen, den Kuchen erkalten lassen.

6 Zum Besprenkeln Kuvertüre in kleine Stücke schneiden, mit dem Öl in einem kleinen Topf im Wasserbad bei schwacher Hitze geschmeidig rühren. Den erkalteten Kuchen damit besprenkeln und fest werden lassen.

Ambrosiaschnitten

Zutaten

Für den Teig:
150 g Weizenmehl
½ Pck. Backpulver
150 g Zucker
3 Eier (Größe M)
100 g zerlassene, abgekühlte Butter oder Margarine
100 ml Milch
50 g abgezogene, gemahlene Mandeln

Für die Füllung:
8 Blatt weiße Gelatine
500 g Naturjoghurt
250 ml (¼ l) schwarzer Johannisbeernektar
2–3 EL Zitronensaft
75 g Zucker
500 ml (½ l) Schlagsahne
1 Pck. Sahnesteif
1 Pck. Vanillin-Zucker

einige Johannisbeerrispen zum Verzieren

Zubereitungszeit:
35 Minuten, ohne Kühlzeit

Insgesamt:
E: 92 g, F: 308 g, Kh: 429 g, kJ: 21051, kcal: 5033

DAUERT ETWAS LÄNGER

1 Für den Teig Mehl mit Backpulver mischen, in eine verschließbare Schüssel (3-Liter-Inhalt) sieben, mit Zucker mischen. Eier, Butter oder Margarine und Milch hinzufügen, Schüssel mit dem Deckel fest verschließen. Mehrmals (insgesamt 15–30 Sekunden, je nach Menge der Zutaten) kräftig schütteln, so dass alle Zutaten gut vermischt sind, Mandeln hinzugeben. Alles mit einem Schneebesen oder Rührlöffel nochmals sorgfältig durchrühren, damit vor allem trockene Zutaten vom Rand mit untergerührt werden.

2 Teig auf ein Backblech (30 x 40 cm, gefettet, mit Backpapier belegt) füllen und glatt streichen. Backblech in den Backofen schieben.

Ober-/Unterhitze: etwa 180 °C (vorgeheizt)
Heißluft: etwa 160 °C (vorgeheizt)
Gas: Stufe 2–3 (vorgeheizt)
Backzeit: etwa 15 Minuten.

3 Die Gebäckplatte auf die Arbeitsfläche stürzen, mitgebackenes Papier abziehen, das Gebäck erkalten lassen.

4 Für die Füllung Gelatine in kaltem Wasser nach Packungsanleitung einweichen. Joghurt, Johannisbeernektar, Zitronensaft und Zucker verrühren. Gelatine leicht ausdrücken und auflösen. Vier Esslöffel Joghurtcreme mit der Gelatine verrühren, mit der restlichen Joghurtcreme gut verrühren, Creme kalt stellen.

5 250 ml (¼ l) Sahne steif schlagen. Wenn die Creme anfängt dicklich zu werden, die steif geschlagene Sahne unterheben. Gebäckplatte senkrecht halbieren. Einen Boden auf eine Platte legen und Backrahmen darumstellen. Joghurtcreme darauf verteilen, mit dem zweiten Boden bedecken, andrücken und 2–3 Stunden kalt stellen. Restliche Sahne mit Sahnesteif und Vanillin-Zucker steif schlagen. Oberfläche damit bestreichen, mit einem Tortenkamm oder Löffel verzieren. Kuchen in Schnitten aufschneiden, mit Johannisbeerrispen verzieren.

Schüttelkuchen mit Zwieback und Trockenobst

Zutaten

Zum Vorbereiten:
200 g Zwieback
250 g getrocknete Früchte (z. B. Pflaumen, Apfelringe, Aprikosen)

Für den Teig:
2 EL Weizenmehl
1 Pck. Backpulver
200 g Puderzucker
4 Eier (Größe M)
200 g zerlassene, abgekühlte Butter oder Margarine
250 ml (¼ l) Buttermilch

Für den Guss:
150 g gesiebter Puderzucker
2–3 EL Zitronensaft

Zubereitungszeit:
30 Minuten, ohne Abkühlzeit

Insgesamt:
E: 74 g, F: 211 g, Kh: 672 g, kJ: 21152, kcal: 5052

RAFFINIERT

1 Zum Vorbereiten Zwieback in einen Gefrierbeutel geben, verschließen und mit einer Teigrolle fein zerbröseln. Die getrockneten Früchte klein schneiden.

2 Für den Teig Mehl mit Backpulver mischen, in eine verschließbare Schüssel (3-Liter-Inhalt) sieben, mit Puderzucker mischen. Eier, Butter oder Margarine und Buttermilch hinzufügen, Schüssel mit dem Deckel fest verschließen. Mehrmals (insgesamt 15–30 Sekunden, je nach Menge der Zutaten) kräftig schütteln, so dass alle Zutaten gut vermischt sind, Zwiebackbrösel und Früchte hinzugeben. Alles mit einem Schneebesen oder Rührlöffel nochmals sorgfältig durchrühren, damit vor allem trockene Zutaten vom Rand mit untergerührt werden.

3 Teig auf ein Backblech (30 x 40 cm, gefettet) streichen. Das Backblech in den Backofen schieben.

Ober-/Unterhitze: etwa 180 °C (vorgeheizt)
Heißluft: etwa 160 °C (vorgeheizt)
Gas: Stufe 2–3 (vorgeheizt)
Backzeit: etwa 25 Minuten.

4 Das Backblech auf einen Kuchenrost stellen. Kuchen erkalten lassen.

5 Für den Guss Puderzucker mit Zitronensaft zu einer dickflüssigen Masse verrühren. Das Gebäck damit überziehen.

Tipp: *Statt den Kuchen mit Guss zu überziehen können Sie ihn nach Belieben auch mit Puderzucker bestäuben.*

Schoko-Birnen-Kuchen

Zutaten

Zum Vorbereiten:
120 g Halbbitter-Kuvertüre

Für den Belag:
1 Dose Birnenhälften
(Abtropfgewicht 460 g)

Für den Teig:
250 g Weizenmehl
4 gestr. TL Backpulver
200 g Zucker
4 Eier (Größe M)
125 g zerlassene, abgekühlte
Butter oder Margarine
125 ml (⅛ l) Schlagsahne

Zum Besprenkeln:
80 g Halbbitter-Kuvertüre

Zubereitungszeit:
30 Minuten

Insgesamt:
E: 70 g, F: 241 g, Kh: 579 g,
kJ: 20498, kcal: 4897

KLASSISCH

1 Zum Vorbereiten Kuvertüre in Stücke schneiden, in einem kleinen Topf im Wasserbad bei schwacher Hitze zu einer geschmeidigen Masse verrühren, etwas abkühlen lassen.

2 Für den Belag Birnenhälften in ein Sieb geben und gut abtropfen lassen.

3 Für den Teig Mehl mit Backpulver mischen, in eine verschließbare Schüssel (3-Liter-Inhalt) sieben, mit Zucker mischen. Eier, Butter oder Margarine, Sahne und zerlassene Kuvertüre hinzufügen, Schüssel mit dem Deckel fest verschließen. Mehrmals (insgesamt 15–30 Sekunden, je nach Menge der Zutaten) kräftig schütteln, so dass alle Zutaten gut vermischt sind. Alles mit einem Schneebesen oder Rührlöffel nochmals sorgfältig durchrühren, damit vor allem trockene Zutaten vom Rand mit untergerührt werden.

4 Den Teig auf ein Backblech (30 x 40 cm, gefettet) geben und glatt streichen.

5 Birnen in dünne Spalten schneiden und dachziegelartig auf den Teig legen. Das Backblech in den Backofen schieben.

Ober-/Unterhitze: etwa 180 °C (vorgeheizt)
Heißluft: etwa 160 °C (vorgeheizt)
Gas: Stufe 2–3 (vorgeheizt)
Backzeit: etwa 30 Minuten.

6 Das Backblech auf einen Kuchenrost stellen, Kuchen erkalten lassen.

7 Zum Besprenkeln Kuvertüre in kleine Stücke schneiden, in einem kleinen Topf im Wasserbad bei schwacher Hitze zu einer geschmeidige Masse verrühren. Den Kuchen mit der Kuvertüre besprenkeln.

Becherkuchen Florentiner Art

Zutaten

Für den Teig:
1 Becher (200 ml) Schlagsahne
2 Becher (je 150 g) Weizenmehl
½ Pck. Backpulver
1 Becher (200 g) Zucker
1 Pck. Vanillin-Zucker
1 Fläschen Butter-Vanille-Aroma

Für den Belag:
½ Pck. (125 g) Butter
1 Becher (200 g) Zucker
1 ½ Becher (200 g) abgezogene, gehobelte oder gehackte Mandeln oder Haselnusskerne oder Kokosraspel

1 Pck. (100 g) kandierte Kirschen

Zum Verzieren:
75 g Halbbitter-Kuvertüre
1 TL Speiseöl

Zubereitungszeit:
25 Minuten

Insgesamt:
E: 80 g, F: 304 g, Kh: 684 g, kJ: 25878, kcal: 6182

EINFACH – FÜR KINDER

1 Für den Teig Sahne in eine verschließbare Schüssel (3-Liter-Inhalt) geben, Becher auswaschen und trocknen. Mehl mit Backpulver mischen, sieben, mit Zucker, Vanillin-Zucker und Aroma mischen und hinzufügen, Schüssel mit dem Deckel fest verschließen. Mehrmals (insgesamt 15–30 Sekunden, je nach Menge der Zutaten) kräftig schütteln, so dass alle Zutaten gut vermischt sind. Alles mit einem Schneebesen oder Rührlöffel nochmals sorgfältig durchrühren, damit vor allem trockene Zutaten vom Rand mit untergerührt werden.

2 Teig auf ein Backblech (30 x 40 cm, gefettet) streichen. Backblech in den Backofen schieben und vorbacken.

Ober-/Unterhitze: etwa 200 °C (vorgeheizt)
Heißluft: etwa 180 °C (vorgeheizt)
Gas: Stufe 3–4 (vorgeheizt)
Backzeit: 20–25 Minuten.

3 Für den Belag Butter, Zucker, Mandeln oder Haselnusskerne oder Kokosraspel in einen kleinen Topf geben, unter Rühren aufkochen, etwas abkühlen lassen. Kirschen fein würfeln und unterrühren. Die Masse nach 10 Minuten Backzeit auf den vorgebackenen Boden streichen.

4 Das Backblech nochmals in den Backofen schieben und bei gleicher Temperatureinstellung fertig backen.

5 Den Kuchen auf einen Kuchenrost stellen und erkalten lassen.

6 Zum Verzieren Kuvertüre in kleine Stücke hacken, mit dem Öl in einem kleinen Topf im Wasserbad bei schwacher Hitze zu einer geschmeidigen Masse verrühren. Die Oberfläche des Kuchen mit der Kuvertüre besprenkeln.

Tipp: *Mit Becher sind die Sahnebecher (200 ml) gemeint.*

Selterskuchen oder Saftkuchen vom Blech

Tassenkuchen

Zutaten

1 Tasse = etwa 150 ml

Für den Teig:
3 Tassen (je 100 g) Weizenmehl
½ Pck. Backpulver
2 Tassen (je 150 g) Zucker
1 Pck. Finesse Geriebene Zitronenschale oder 1 Pck. Finesse Orangenfrucht
4 Eier (Größe M)
1 Tasse (150 ml) Speiseöl
1 Tasse (150 ml) Selters, Fanta, Apfel- oder Orangensaft

Für den Guss:
250 g Puderzucker
3–4 EL Fanta oder Apfelsaft
gelbe und rote Speisefarbe

Zubereitungszeit:
20 Minuten

Insgesamt:
E: 63 g, F: 180 g, Kh: 790 g, kJ: 21483, kcal: 5131

FÜR KINDER

1 Für den Teig Mehl mit Backpulver mischen, in eine verschließbare Schüssel (3-Liter-Inhalt) sieben, mit Zucker, Zitronenschale oder Orangenfrucht mischen. Eier, Öl und Selters, Fanta, Apfel- oder Orangensaft hinzufügen, Schüssel mit dem Deckel fest verschließen. Mehrmals (insgesamt 15–30 Sekunden, je nach Menge der Zutaten) kräftig schütteln, so dass alle Zutaten gut vermischt sind. Alles mit einem Schneebesen oder Rührlöffel nochmals sorgfältig durchrühren, damit vor allem trockene Zutaten vom Rand mit untergerührt werden.

2 Teig auf einem Backblech (30 x 40 cm, gefettet, gemehlt) verteilen, glatt streichen. Das Backblech in den Backofen schieben.

Ober-/Unterhitze: etwa 180 °C (vorgeheizt)
Heißluft: etwa 160 °C (vorgeheizt)
Gas: Stufe 2–3 (vorgeheizt)
Backzeit: etwa 20 Minuten.

3 Das Backblech auf einen Kuchenrost stellen. Kuchen erkalten lassen.

4 Für den Guss Puderzucker in eine Rührschüssel sieben, mit Fanta oder Apfelsaft zu einem dickflüssigen Guss verrühren. Den Kuchen mit ⅔ des Gusses überziehen. Den restlichen Guss in 3 Portionen teilen und mit Speisefarbe rot, gelb und orange einfärben.

5 Den Guss getrennt in Gefrierbeutel füllen, eine kleine Spitze abschneiden und abwechselnd Linien auf den noch feuchten, weißen Guss spritzen. Mit einem Holzstäbchen abwechselnd von oben nach unten und von unten nach oben durch den Guss ziehen, so dass geschwungene Linien enstehen.

Kirschschnitten

Zutaten

Für den Teig:
200 g Weizenmehl
2 gestr. TL Backpulver
100 g Zucker
1 Pck. Vanillin-Zucker
3 Eier (Größe M)
150 g zerlassene, abgekühlte Butter oder Margarine
6 EL Milch

Für den Belag:
6 Blatt weiße Gelatine
3 Becher (je 150 g) Kirschjoghurt
200 g Schlagsahne
1 EL Puderzucker

Zum Garnieren:
1 Pck. (200 g) Choco Crossies

Zubereitungszeit:
35 Minuten, ohne Kühlzeit

Insgesamt:
E: 81 g, F: 229 g, Kh: 511 g, kJ: 19207, kcal: 4590

RAFFINERT

1 Für den Teig Mehl mit Backpulver mischen, in eine verschließbare Schüssel (3-Liter-Inhalt) sieben, mit Zucker und Vanillin-Zucker mischen. Eier, Butter oder Margarine und Milch hinzufügen, Schüssel mit dem Deckel fest verschließen. Mehrmals (insgesamt 15–30 Sekunden, je nach Menge der Zutaten) kräftig schütteln, so dass alle Zutaten gut vermischt sind. Alles mit einem Schneebesen oder Rührlöffel nochmals sorgfältig durchrühren, damit vor allem trockene Zutaten vom Rand mit untergerührt werden.

2 Einen Backrahmen (25 x 25 cm, gefettet) auf ein Backblech (mit Backpapier belegt) setzen. Teig in den Backrahmen füllen und glatt streichen. Das Backblech in den Backofen schieben.

Ober-/Unterhitze: etwa 180 °C (vorgeheizt)
Heißluft: etwa 160 °C (vorgeheizt)
Gas: Stufe 2–3 (vorgeheizt)
Backzeit: etwa 30 Minuten.

3 Backblech auf einen Kuchenrost stellen. Kuchen im Backrahmen erkalten lassen.

4 Für den Belag Gelatine in kaltem Wasser nach Packungsanleitung einweichen, dann leicht ausdrücken. Die ausgedrückte Gelatine in einem kleinen Topf unter Rühren erwärmen (nicht kochen), bis sie völlig gelöst ist.

5 Joghurt in eine Schüssel geben, 1–2 Esslöffel davon mit der aufgelösten Gelatine verrühren, Masse unter den restlichen Joghurt rühren und kalt stellen. Sahne mit Puderzucker steif schlagen. Wenn die Masse anfängt dicklich zu werden, die steif geschlagene Sahne unterheben. Joghurtmasse auf den Teig streichen, kalt stellen und fest werden lassen.

6 Den Backrahmen vorsichtig mit einem Messer lösen und entfernen. Kuchen in Stücke schneiden und mit Choco Crossies garnieren.

Ananasblechkuchen mit Kokosstreuseln

Zutaten

Zum Vorbereiten:
1 Dose Ananasringe
(Abtropfgewicht 490 g)

Für die Streusel:
125 g weiche Butter
150 g Weizenmehl
80 g Zucker
1 Prise Salz
120 g Kokosraspel

Für den Teig:
350 g Weizenmehl
1 Pck. Backpulver
175 g Zucker
1 Pck. Vanillin-Zucker
5 Eier (Größe M)
200 g zerlassene, abgekühlte Butter oder Margarine
150 ml Ananassaft

Zubereitungszeit:
40 Minuten

Insgesamt:
E: 104 g, F: 381 g, Kh: 712 g, kJ: 28935, kcal: 6913

RAFFINIERT

1 Zum Vorbereiten Ananas zum Abtropfen in ein Sieb geben, Saft dabei auffangen. Anschließend die Ananas in kleine Stücke schneiden.

2 Für die Streusel Butter, Mehl, Zucker, Salz und Kokosraspel in eine Schüssel geben und mit den Händen krümelig verkneten. Die Streusel beiseite stellen.

3 Für den Teig Mehl mit Backpulver mischen, in eine verschließbare Schüssel (3-Liter-Inhalt) sieben, mit Zucker und Vanillin-Zucker mischen. Eier, Butter oder Margarine und Ananassaft hinzufügen, Schüssel mit dem Deckel fest verschließen. Mehrmals (insgesamt 15–30 Sekunden, je nach Menge der Zutaten) kräftig schütteln, so dass alle Zutaten gut vermischt sind. Alles mit einem Schneebesen oder Rührlöffel nochmals sorgfältig durchrühren, damit vor allem trockene Zutaten vom Rand mit untergerührt werden.

4 Teig auf ein Backblech (30 x 40 cm, gefettet, gemehlt) geben und glatt streichen. Ananasstücke auf dem Teig verteilen, Streusel darüber streuen. Das Backblech in den Backofen schieben.

Ober-/Unterhitze: etwa 200 °C (vorgeheizt)
Heißluft: etwa 180 °C (vorgeheizt)
Gas: Stufe 3–4 (vorgeheizt)
Backzeit: etwa 30 Minuten.

5 Backblech auf einen Kuchenrost stellen, den Kuchen erkalten lassen.

Apfel-Schoko-Schnitten mit Cornflakes

Zutaten

Zum Vorbereiten:
800 g Äpfel
2 l Wasser
2 EL Zitronensaft

Für den Teig:
250 g Weizenmehl
½ Pck. Backpulver
150 g Zucker
1 Pck. Vanillin-Zucker
1 EL Kakaopulver
4 Eier (Größe M)
125 g zerlassene, abgekühlte Butter oder Margarine
100 ml Milch
30 g Zartbitter-Raspelschokolade

Für den Guss:
2 Pck. Tortenguss, klar
50 g Zucker
500 ml (½ l) Cidre (Apfelwein) oder Apfelsaft

Für den Belag:
50 g Halbbitter-Kuvertüre
40 g Cornflakes

Zubereitungszeit:
50 Minuten

Insgesamt:
E: 73 g, F: 168 g, Kh: 479 g, kJ: 18686, kcal: 4463

RAFFINIERT

1 Zum Vorbereiten Äpfel schälen, vierteln und entkernen. Äpfel in dünne Spalten schneiden. Wasser und Zitronensaft verrühren. Apfelspalten hineingeben und beiseite stellen.

2 Für den Teig Mehl mit Backpulver mischen, in eine verschließbare Schüssel (3-Liter-Inhalt) sieben, mit Zucker, Vanillin-Zucker und Kakao mischen. Eier, Butter oder Margarine und Milch hinzufügen, Schüssel mit dem Deckel fest verschließen. Mehrmals (insgesamt 15–30 Sekunden, je nach Menge der Zutaten) kräftig schütteln, so dass alle Zutaten gut vermischt sind, Raspelschokolade hinzugeben. Alles mit einem Schneebesen oder Rührlöffel nochmals sorgfältig durchrühren, damit vor allem trockene Zutaten vom Rand mit untergerührt werden.

3 Teig auf ein Backblech (30 x 40 cm, gefettet, gemehlt) geben und glatt streichen. Apfelspalten in einem Sieb gut abtropfen lassen, dicht nebeneinander auf dem Teig verteilen und leicht in den Teig drücken. Backblech in den Backofen schieben.

Ober-/Unterhitze: etwa 200 °C (vorgeheizt)
Heißluft: etwa 180 °C (vorgeheizt)
Gas: Stufe 3–4 (vorgeheizt)
Backzeit: etwa 25 Minuten.

4 Backblech auf einen Kuchenrost stellen und Kuchen erkalten lassen.

5 Für den Guss Tortenguss mit Zucker und Cidre nach Packungsanleitung zubereiten. Guss auf dem Kuchen verteilen und fest werden lassen.

6 Für den Belag Kuvertüre hacken, in einem kleinen Topf im Wasserbad bei schwacher Hitze geschmeidig rühren. Cornflakes mit Kuvertüre besprenkeln und trocknen lassen. Schoko-Flakes über den Kuchen streuen.

Apfelkuchen

Zutaten

Für den Teig:
300 g Weizenmehl
1 Pck. Backpulver
150 g Zwiebackbrösel
150 g gesiebter Puderzucker
5 Eier (Größe M)
200 g zerlassene, abgekühlte Butter oder Margarine
250 ml (¼ l) Apfelsaft, naturtrüb

Für den Belag:
1,5 kg Äpfel, z. B. Boskop
30 g abgezogene, gestiftelte Mandeln

Zum Bestäuben:
Puderzucker

Zubereitungszeit:
45 Minuten

Insgesamt:
E: 99 g, F: 235 g, Kh: 648 g,
kJ: 22350, kcal: 5335

KLASSISCH – EINFACH

1 Für den Teig Mehl mit Backpulver mischen, in eine verschließbare Schüssel (3-Liter-Inhalt) sieben, mit Zwiebackbröseln und Puderzucker mischen. Eier, Butter oder Margarine und Apfelsaft hinzufügen, Schüssel mit dem Deckel fest verschließen. Mehrmals (insgesamt 15–30 Sekunden, je nach Menge der Zutaten) kräftig schütteln, so dass alle Zutaten gut vermischt sind. Alles mit einem Schneebesen oder Rührlöffel nochmals sorgfältig durchrühren, damit vor allem trockene Zutaten vom Rand mit untergerührt werden.

2 Den Teig auf ein Backblech (30 x 40 cm, gefettet) streichen.

3 Für den Belag Äpfel schälen, vierteln, entkernen, in Spalten schneiden und dachziegelartig auf dem Teig verteilen. Mit Mandeln bestreuen. Backblech in den Backofen schieben.

Ober-/Unterhitze: 180–200 °C (vorgeheizt)
Heißluft: 160–180 °C (nicht vorgeheizt)
Gas: etwa Stufe 3 (nicht vorgeheizt)
Backzeit: 30–40 Minuten.

4 Backblech auf einen Kuchenrost stellen. Kuchen erkalten lassen und mit Puderzucker bestäuben.

Tipp: *Die Äpfel vor dem Backen mit Streuseln bestreuen (Rezept für Streusel auf Seite 94). Der Kuchen kann gut eingefroren werden.*

Cassataschnitten

Zutaten

Für den Teig:
200 g Weizenmehl
50 g Speisestärke
½ Pck. Backpulver
175 g Zucker
1 Pck. Vanillin-Zucker
1 Pck. Finesse Geriebene Zitronenschale
3 Eier (Größe M)
125 g zerlassene, abgekühlte Butter oder Margarine
150 ml Buttermilch, Zitronen-Geschmack

Für den Belag:
10 Blatt weiße Gelatine
200 g gemischte, kandierte Früchte
60 g Pistazienkerne
50 g Zartbitterschokolade
750 g Ricotta (italienischer Frischkäse)
Saft von ½ Zitrone
60 g Zucker
500 ml (½ l) Schlagsahne

Zubereitungszeit:
40 Minuten, ohne Kühlzeit

Insgesamt:
E: 173 g, F: 426 g, Kh: 672 g, kJ: 31136, kcal: 7432

DAUERT ETWAS LÄNGER – ETWAS TEURER

1 Für den Teig Mehl und Speisestärke mit Backpulver mischen, in eine verschließbare Schüssel (3-Liter-Inhalt) sieben und mit Zucker, Vanillin-Zucker und Zitronenschale mischen. Eier, Butter oder Margarine und Buttermilch hinzufügen, Schüssel mit dem Deckel fest verschließen. Mehrmals (insgesamt 15–30 Sekunden, je nach Menge der Zutaten) kräftig schütteln, so dass alle Zutaten gut vermischt sind. Alles mit einem Schneebesen oder Rührlöffel nochmals sorgfältig durchrühren, damit vor allem trockene Zutaten vom Rand mit untergerührt werden.

2 Teig auf ein Backblech (30 x 40 cm, gefettet, gemehlt) streichen. Das Backblech in den Backofen schieben.

Ober-/Unterhitze: etwa 200 °C (vorgeheizt)
Heißluft: etwa 180 °C (vorgeheizt)
Gas: Stufe 3–4 (vorgeheizt)
Backzeit: 15–20 Minuten.

3 Backblech auf einen Kuchenrost stellen. Kuchen erkalten lassen und einen Backrahmen darumstellen.

4 Für den Belag Gelatine in kaltem Wasser nach Packungsanleitung einweichen. Kandierte Früchte, Pistazienkerne und Schokolade hacken und vermischen.

5 Ricotta, Zitronensaft und Zucker verrühren. Gelatine leicht ausdrücken. Die ausgedrückte Gelatine in einem kleinen Topf unter Rühren erwärmen (nicht kochen), bis sie völlig gelöst ist. 3 Esslöffel Creme unterrühren, alles zu der restlichen Creme geben und gut verrühren. Die Frucht-Pistazien-Mischung (3 Esslöffel abnehmen) zu der Ricottacreme geben und unterheben. Sahne steif schlagen und unter die Creme heben.

6 Cassata-Creme auf dem Gebäckboden verteilen und glatt streichen. Restliche Fruchtmischung darauf streuen. Mindestens 3 Stunden kalt stellen. Backrahmen lösen und entfernen. Den Kuchen in Stücke schneiden.

Nektarinenmuffins

Zutaten

Für den Teig:
150 g Weizenmehl
½ Pck. Backpulver
75 g Zucker
1 Pck. Vanillin-Zucker
50 g Vollmilch-Schokoflocken
4 Eier (Größe M)
75 g zerlassene, abgekühlte Butter oder Margarine

Für den Belag:
1–2 Nektarinen

Zum Bestäuben:
1 EL Puderzucker

Zubereitungszeit:
20 Minuten

Insgesamt:
E: 53 g, F: 105 g, Kh: 249 g, kJ: 9366, kcal: 2237

FRUCHTIG

1 Für den Teig Mehl mit Backpulver mischen, in eine verschließbare Schüssel (3-Liter-Inhalt) sieben, mit Zucker und Vanillin-Zucker mischen. Eier und Butter oder Margarine hinzufügen, Schüssel mit dem Deckel fest verschließen. Mehrmals (insgesamt 15–30 Sekunden, je nach Menge der Zutaten) kräftig schütteln, so dass alle Zutaten gut vermischt sind. Schokoflocken hinzufügen und alles mit einem Schneebesen oder Rührlöffel nochmals sorgfältig durchrühren, damit vor allem trockene Zutaten vom Rand mit untergerührt werden.

2 Den Teig in 12 gefettete Muffinsförmchen füllen.

3 Für den Belag Nektarinen waschen, trockentupfen, entsteinen und in dünne Spalten schneiden und fächerartig auf dem Teig verteilen. Muffinsförmchen auf dem Rost in den Backofen schieben.

Ober-/Unterhitze: etwa 180 °C (vorgeheizt)
Heißluft: etwa 160 °C (vorgeheizt)
Gas: Stufe 2–3 (vorgeheizt)
Backzeit: etwa 25 Minuten.

4 Muffins 10 Minuten stehen lassen, dann aus den Förmchen lösen und erkalten lassen. Mit Puderzucker bestäuben.

Tipp: *Anstatt der Nektarinen können Sie auch 4–6 Aprikosen verwenden. Die Muffins sind gefriergeeignet.*

Ananasmuffins

Zutaten

Für den Teig:
200 g Weizenmehl
3 gestr. TL Backpulver
100 g Zucker
1 Pck. Vanillin-Zucker
3 Eier (Größe M)
125 g zerlassene, abgekühlte Butter oder Margarine
125 g Marzipan-Rohmasse, fein gehackt

Für den Belag:
12 Baby-Ananasscheiben (etwa 200 g)

Zum Bestreuen:
100 g Kokosraspel

Zum Bestäuben:
40 g Puderzucker

Zubereitungszeit:
25 Minuten

Insgesamt:
E: 67 g, F: 231 g, Kh: 367 g, kJ: 16425, kcal: 3924

GUT VORZUBEREITEN

1 Für den Teig Mehl mit Backpulver mischen, in eine verschließbare Schüssel (3-Liter-Inhalt) sieben, mit Zucker und Vanillin-Zucker mischen. Eier und Butter oder Margarine hinzufügen, Schüssel mit dem Deckel fest verschließen. Mehrmals (insgesamt 15–30 Sekunden, je nach Menge der Zutaten) kräftig schütteln, so dass alle Zutaten gut vermischt sind, Marzipanstücke hinzugeben. Alles mit einem Schneebesen oder Rührlöffel nochmals sorgfältig durchrühren, damit vor allem trockene Zutaten vom Rand mit untergerührt werden.

2 Den Teig in 12 gefettete Muffinsförmchen füllen.

3 Für den Belag Ananasscheiben in einem Sieb abtropfen lassen oder frische Ananas schälen und in Scheiben schneiden. Größere Ananasscheiben evtl. halbieren. Je eine Ananasscheibe auf die Teighäufchen legen. Kokosraspel über die Ananas streuen.

4 Muffinsförmchen auf dem Rost in den Backofen schieben.

Ober-/Unterhitze: etwa 180 °C (vorgeheizt)
Heißluft: etwa 160 °C (nicht vorgeheizt)
Gas: Stufe 2–3 (nicht vorgeheizt)
Backzeit: etwa 35 Minuten.

5 Die Muffins 10 Minuten in der Form auf einem Kuchenrost stehen lassen, dann aus den Förmchen lösen und erkalten lassen. Muffins mit Puderzucker bestäuben.

Tipp: *Statt Baby-Ananas können Sie auch Mandarinen verwenden.*

Schwarz-Weiß-Muffins

Zutaten

Für den Teig:
150 g Weizenmehl
3 gestr. TL Backpulver
1 Pck. Pudding-Pulver Vanille-Geschmack
125 g Zucker
1 Pck. Vanillin-Zucker
4 Eier (Größe M)
150 g zerlassene, abgekühlte Butter oder Margarine

1 EL Kakaopulver
1–2 EL Milch

Zum Bestäuben:
Puderzucker

Zubereitungszeit:
15 Minuten

Insgesamt:
E: 49 g, F: 153 g, Kh: 286 g, kJ: 11734, kcal: 2803

FÜR KINDER

1 Für den Teig Mehl mit Backpulver und Pudding-Pulver mischen, in eine verschließbare Schüssel (3-Liter-Inhalt) sieben, mit Zucker und Vanillin-Zucker mischen. Eier und Butter oder Margarine hinzufügen, Schüssel mit dem Deckel fest verschließen. Mehrmals (insgesamt 15–30 Sekunden, je nach Menge der Zutaten) kräftig schütteln, so dass alle Zutaten gut vermischt sind. Alles mit einem Schneebesen oder Rührlöffel nochmals sorgfältig durchrühren, damit vor allem trockene Zutaten vom Rand mit untergerührt werden.

2 Gut die Hälfte des Teiges in 12 gefettete Muffinsförmchen füllen. Kakao sieben, mit der Milch unter den Rest des Teiges rühren. Den Kakaoteig auf dem hellen Teig verteilen. Muffinsförmchen auf dem Rost in den Backofen schieben.

Ober-/Unterhitze: etwa 180 °C (vorgeheizt)
Heißluft: etwa 160 °C (vorgeheizt)
Gas: Stufe 2–3 (vorgeheizt)
Backzeit: etwa 25 Minuten.

3 Die Muffins 10 Minuten in der Form auf einem Kuchenrost stehen lassen, dann aus den Förmchen lösen und erkalten lassen.

4 Zum Bestäuben die Muffins vor dem Servieren mit Puderzucker bestäuben.

Tipp: *Bestreichen Sie die heißen Muffins mit Erdbeerkonfitüre.*

Cappuccino-Küchlein mit Käsehaube

Zutaten

Für den Teig:
60 g Weizenmehl
60 g Speisestärke
2 gestr. TL Backpulver
80 g Zucker
1 Prise Salz
3–4 TL Instant Espressopulver
2 Eier (Größe M)
100 g zerlassene, abgekühlte Butter oder Margarine
7 EL Milch

Für die Käsehaube:
200 g Doppelrahm-Frischkäse
1 EL Crème fraîche
1 TL Speisestärke
1 Pck. Vanillin-Zucker
40 g gesiebter Puderzucker

Zum Bestäuben:
Kakaopulver

Zubereitungszeit:
40 Minuten, ohne Abkühlzeit

Insgesamt:
E: 50 g, F: 169 g, Kh: 242 g
kJ: 11612, kcal: 2774

RAFFINIERT

1 Für den Teig Mehl mit Speisestärke und Backpulver mischen, in eine verschließbare Schüssel (3-Liter-Inhalt) sieben, mit Zucker, Salz und Espresso-Pulver mischen. Eier, Butter oder Margarine und Milch hinzufügen, Schüssel mit dem Deckel fest verschließen. Mehrmals (insgesamt 15–30 Sekunden, je nach Menge der Zutaten) kräftig schütteln, so dass alle Zutaten gut vermischt sind. Alles mit einem Schneebesen oder Rührlöffel nochmals sorgfältig durchrühren, damit vor allem trockene Zutaten vom Rand mit untergerührt werden.

2 Teig in 12 Muffinsförmchen (mit Papierbackförmchen ausgelegt) füllen und auf dem Rost in den Backofen schieben.

Ober-/Unterhitze: etwa 200 °C (vorgeheizt)
Heißluft: etwa 180 °C (vorgeheizt)
Gas: Stufe 3–4 (vorgeheizt)
Backzeit: etwa 15 Minuten.

3 Die Muffinsform auf einen Kuchenrost stellen. Für die Käsehaube Frischkäse, Crème fraîche, Speisestärke, Vanillin- und Puderzucker in eine Rührschüssel geben und gut verrühren. Käsemasse auf die heißen Küchlein geben. Muffinsform wieder in den Backofen schieben.

Ober-/Unterhitze: etwa 200 °C (vorgeheizt)
Heißluft: etwa 180 °C (vorgeheizt)
Gas: Stufe 3–4 (vorgeheizt)
Backzeit: etwa 10 Minuten.

4 Küchlein 10 Minuten in der Form stehen lassen, herausnehmen und auf einem Kuchenrost erkalten lassen. Zum Bestäuben Küchlein vor dem Servieren mit Kakao bestäuben.

Coca-Cola Erdnuss-Muffins*

Zutaten

Für den Teig:
150 g Weizenmehl
3 gestr. TL Backpulver
30 g Kakaopulver
150 g feinster Zucker
2 Eier (Größe M)
100 g zerlassene, abgekühlte Butter oder Margarine
125 ml (⅛ l) Coca-Cola
50 g gehackte, ungesalzene Erdnusskerne

Für den Guss:
100 g gesiebter Puderzucker
15 g Kakaopulver
3–4 EL Coca-Cola

Zum Bestreuen:
50 g gehackte, ungesalzene Erdnusskerne

Zubereitungszeit:
20 Minuten

Insgesamt:
E: 69 g, F: 150 g, Kh: 401 g, kJ: 13892, kcal: 3318

FÜR KINDER

1 Für den Teig Mehl mit Backpulver und Kakao mischen, in eine verschließbare Schüssel (3-Liter-Inhalt) sieben und mit Zucker mischen. Eier, Butter oder Margarine und Coca-Cola hinzufügen, Schüssel mit dem Deckel fest verschließen. Mehrmals (insgesamt 15–30 Sekunden, je nach Menge der Zutaten) kräftig schütteln, so dass alle Zutaten gut vermischt sind, Erdnusskerne hinzugeben. Alles mit einem Schneebesen oder Rührlöffel nochmals sorgfältig durchrühren, damit vor allem trockene Zutaten vom Rand mit untergerührt werden.

2 Teig in 12 gefettete Muffinsförmchen füllen und auf dem Rost in den Backofen schieben.

Ober-/Unterhitze: etwa 180 °C (vorgeheizt)
Heißluft: etwa 160 °C (vorgeheizt)
Gas: Stufe 2–3 (vorgeheizt)
Backzeit: 25–30 Minuten.

3 Muffinsförmchen 10 Minuten auf einen Kuchenrost stellen, dann aus den Förmchen lösen und erkalten lassen.

4 Für den Guss Puderzucker und Kakao mischen, mit Coca-Cola zu einem dickflüssigen Guss verrühren. Die Muffins damit bestreichen.

5 Zum Bestreuen die Muffins mit den Erdnusskernen bestreuen.

Tipp: *Die Muffins lassen sich gut verpackt 3–4 Tage aufbewahren.*

* *Rezept nicht durch Coca-Cola autorisiert.*

Rosen-Muffins

Zutaten

Für den Teig:
250 g Weizenmehl
3 gestr. TL Backpulver
180 g Zucker
3 Eier (Größe M)
180 g zerlassene, abgekühlte Butter oder Margarine
400 ml Schlagsahne

Für den Sirup:
200 g Zucker
300 ml Wasser
1 Pck. Finesse Geriebene Zitronenschale
3 EL Zitronensaft
3–4 EL Rosenwasser (Reformhaus)

Zum Garnieren:
Dekorrosen oder -blätter

Zubereitungszeit:
40 Minuten, ohne Abkühlzeit

Insgesamt:
E: 67 g, F: 312 g, Kh: 599 g, kJ: 23476, kcal: 5609

FÜR GÄSTE

1 Für den Teig Mehl mit Backpulver mischen, in eine verschließbare Schüssel (3-Liter-Inhalt) sieben, mit Zucker mischen. Eier, Butter oder Margarine und Sahne hinzufügen, Schüssel mit dem Deckel fest verschließen. Mehrmals (insgesamt 15–30 Sekunden, je nach Menge der Zutaten) kräftig schütteln, so dass alle Zutaten gut vermischt sind. Alles mit einem Schneebesen oder Rührlöffel nochmals sorgfältig durchrühren, damit vor allem trockene Zutaten vom Rand mit untergerührt werden.

2 Teig in 12 gefettete Muffinsförmchen füllen und auf dem Rost in den Backofen schieben.

Ober-/Unterhitze: etwa 200 °C (vorgeheizt)
Heißluft: etwa 180 °C (vorgeheizt)
Gas: Stufe 3–4 (vorgeheizt)
Backzeit: etwa 25 Minuten.

3 Die Muffins 10 Minuten in der Form stehen lassen, dann vorsichtig aus den Förmchen lösen und auf einem Kuchenrost erkalten lassen.

4 Für den Sirup Zucker, Wasser, Zitronenschale und -saft in einen Topf geben, mischen und erhitzen, bis sich der Zucker aufgelöst hat. Sirup im Topf ohne Deckel köcheln lassen, bis er etwas dicklich wird. Rosenwasser unterrühren.

5 Muffins auf einen Kuchenrost stellen und mit dem Sirup beträufeln. Abgetropften Sirup wieder über die Muffins träufeln, bis der gesamte Sirup von den Muffins aufgesogen ist. Muffins erkalten lassen. Mit Dekorrosen und -blättern garnieren.

Gewürzte Kaffeetörtchen

Zutaten

Für den Teig:
200 g Weizenmehl
2 gestr. TL Backpulver
120 g Zucker
1 Pck. Vanillin-Zucker
3 Eier (Größe M)
120 g zerlassene, abgekühlte Butter oder Margarine
125 ml (⅛ l) Milch
3 TL Instant Espressopulver
2 EL heißes Wasser

Für die Creme:
125 g Mascarpone (italienischer Frischkäse)
50 g gesiebter Puderzucker
1–2 TL Instant Espressopulver
½ TL gemahlener Kardamom
1–2 TL Kakaopulver

Zum Garnieren:
Kaffeebohnen
geschabte Schokolade

Zubereitungszeit:
40 Minuten

Insgesamt:
E: 57 g, F: 178 g, Kh: 339 g, kJ: 13768, kcal: 3289

FÜR ERWACHSENE

1 Für den Teig Mehl mit Backpulver mischen, in eine verschließbare Schüssel (3-Liter-Inhalt) sieben, mit Zucker und Vanillin-Zucker mischen. Eier, Butter oder Margarine und Milch hinzufügen. Espresssopulver im Wasser auflösen und zu den Zutaten geben, Schüssel mit dem Deckel fest verschließen. Mehrmals (insgesamt 15–30 Sekunden, je nach Menge der Zutaten) kräftig schütteln, so dass alle Zutaten gut vermischt sind. Alles mit einem Schneebesen oder Rührlöffel nochmals sorgfältig durchrühren, damit vor allem trockene Zutaten vom Rand mit untergerührt werden.

2 Teig in 12 Muffinsförmchen (mit Papierbackförmchen ausgelegt) füllen und auf dem Rost in den Backofen schieben.

Ober-/Unterhitze: etwa 200 °C (vorgeheizt)
Heißluft: etwa 180 °C (vorgeheizt)
Gas: Stufe 3–4 (vorgeheizt)
Backzeit: etwa 30 Minuten.

3 Törtchen 10 Minuten in der Form stehen lassen, aus der Form nehmen und auf einem Kuchenrost erkalten lassen.

4 Für die Creme Mascarpone und Puderzucker geschmeidig rühren. Die Creme halbieren. Espressopulver und Kardamom unter die eine Hälfte, Kakao unter die andere Hälfte der Creme rühren. Jeweils 6 Törtchen mit je einer Creme bestreichen.

5 Die Törtchen mit Kaffeebohnen und geschabter Schokolade garnieren.

Tipp: *Anstelle von Kardamom Lebkuchengewürz unter die Creme rühren. Die Kakaocreme zusätzlich mit etwas Orangenlikör verfeinern.*

Nuss-Beeren-Törtchen

Zutaten

Für den Teig:
130 g Weizenmehl
2 gestr. TL Backpulver
130 g Zucker
4 Eier (Größe M)
200 g zerlassene, abgekühlte Butter oder Margarine
8 EL Milch
130 g gemahlene Haselnusskerne

Zum Ausstreuen:
1–2 EL Semmelbrösel

Für den Belag:
150 g TK-Heidelbeeren

Zum Bestäuben:
Puderzucker

Zubereitungszeit:
35 Minuten

Insgesamt:
E: 70 g, F: 277 g, Kh: 291 g,
kJ: 17072, kcal: 4077

KLASSISCH

1 Für den Teig Mehl mit Backpulver mischen, in eine verschließbare Schüssel (3-Liter-Inhalt) sieben, mit Zucker mischen. Eier, Butter oder Margarine und Milch hinzufügen, Schüssel mit dem Deckel fest verschließen. Mehrmals (insgesamt 15–30 Sekunden, je nach Menge der Zutaten) kräftig schütteln, so dass alle Zutaten gut vermischt sind, Haselnusskerne hinzugeben. Alles mit einem Schneebesen oder Rührlöffel nochmals sorgfältig durchrühren, damit vor allem trockene Zutaten vom Rand mit untergerührt werden.

2 Teig in 12 Muffinsförmchen (gefettet, mit Semmelbröseln ausgestreut) füllen.

3 Für den Belag die gefrorenen Heidelbeeren auf dem Teig verteilen. Form auf dem Rost in den Backofen schieben.

Ober-/Unterhitze: etwa 200 °C (vorgeheizt)
Heißluft: etwa 180 °C (vorgeheizt)
Gas: Stufe 3–4 (vorgeheizt)
Backzeit: etwa 30 Minuten.

4 Törtchen 10 Minuten in der Form stehen lassen, aus den Förmchen lösen und auf einem Kuchenrost erkalten lassen.

5 Zum Bestäuben Törtchen kurz vor dem Servieren mit Puderzucker bestäuben.

Tipp: *Bereiten Sie die Törtchen statt mit Heidelbeeren mit Himbeeren zu.*

Hütchen-Muffins mit Schokosahne

Zutaten

Für den Teig:
200 g Weizenmehl
2 gestr. TL Backpulver
125 g gesiebter Puderzucker
1 Pck. Bourbon-Vanille-Zucker
2 Eier (Größe M)
125 g zerlassene, abgekühlte Butter oder Margarine
125 ml (⅛ l) Milch

Zum Tränken:
125 ml (⅛ l) Orangensaft
30 g Zucker

Für die Füllung:
400 ml Schlagsahne
20 g Zucker
2 Pck. Sahnesteif
20 g Kakaopulver

Zum Bestäuben:
Puderzucker oder Kakaopulver

Zubereitungszeit:
35 Minuten

Insgesamt:
E: 56 g, F: 249 g, Kh: 381 g, kJ: 17173, kcal: 4104

FÜR GÄSTE

1 Für den Teig Mehl mit Backpulver mischen, in eine verschließbare Schüssel (3-Liter-Inhalt) sieben, mit Puderzucker und Vanille-Zucker mischen. Eier, Butter oder Margarine und Milch hinzufügen, Schüssel mit dem Deckel fest verschließen. Mehrmals (insgesamt 15–30 Sekunden, je nach Menge der Zutaten) kräftig schütteln, so dass alle Zutaten gut vermischt sind. Alles mit einem Schneebesen oder Rührlöffel nochmals sorgfältig durchrühren, damit vor allem trockene Zutaten vom Rand mit untergerührt werden.

2 Teig in 12 Muffinsförmchen (mit Papierbackförmchen ausgelegt) füllen und auf dem Rost in den Backofen schieben.

Ober-/Unterhitze: etwa 180 °C (vorgeheizt)
Heißluft: etwa 160 °C (vorgeheizt)
Gas: Stufe 2–3 (vorgeheizt)
Backzeit: 25 Minuten.

3 Die Muffins 10 Minuten in der Form stehen lassen, die Papierbackförmchen aus dem Muffinblech nehmen und auf einem Kuchenrost erkalten lassen.

4 Zum Tränken Orangensaft und Zucker in einem kleinen Topf zum Kochen bringen, bis der Zucker gelöst ist. Von den Muffins das Hütchen abschneiden. Die Muffins mit einem Teelöffel etwas aushöhlen, mit dem Orangensaft tränken. Die ausgehöhlten Kuchenbrösel fein zerkleinern.

5 Für die Füllung Sahne ½ Minute schlagen, Zucker und Sahnesteif mischen, einstreuen. Die Sahne ganz steif schlagen, Kakao und die Brösel unterheben. Die Sahnemasse in einen Spritzbeutel mit großer Lochtülle füllen und in die Muffins spritzen. Hütchen nach Belieben mit dem Orangensaft tränken und schräg auf die Sahne legen.

6 Die Muffins kurz vor dem Servieren mit Puderzucker oder Kakao bestäuben.

Frühstücksmuffins

Zutaten

Für den Teig:
200 g Weizenmehl
3 gestr. TL Backpulver
1 TL Zucker
1 Pck. Vanillin-Zucker
60 g zerlassene, abgekühlte Butter oder Margarine
oder 5 EL Speiseöl
150 g Naturjoghurt

Nach Belieben:
20 g gemahlene Mohnsamen
oder 20 g abgezogene, gemahlene Mandeln
oder 2 EL Rosinen
oder 2 EL Schokostreusel
oder 2 EL geriebener Käse

Zubereitungszeit:
20 Minuten

Insgesamt:
E: 31 g, F: 66 g, Kh: 172 g, kJ: 6143, kcal: 1469

EINFACH – SCHNELL

1 Für den Teig Mehl mit Backpulver mischen, in eine verschließbare Schüssel (3-Liter-Inhalt) sieben, mit Zucker und Vanillin-Zucker mischen. Butter oder Margarine oder Öl und Joghurt hinzufügen, Schüssel mit dem Deckel fest verschließen. Mehrmals (insgesamt 15–30 Sekunden, je nach Menge der Zutaten) kräftig schütteln, so dass alle Zutaten gut vermischt sind. Alles mit einem Schneebesen oder Rührlöffel nochmals sorgfältig durchrühren, damit vor allem trockene Zutaten vom Rand mit untergerührt werden.

2 Nach Belieben Mohn, Mandeln, Rosinen, Schokostreusel oder Käse unter den Teig rühren.

3 Teig in 12 gefettete Muffinsförmchen füllen und auf dem Rost in den Backofen schieben.

Ober-/Unterhitze: 180–200 °C (vorgeheizt)
Heißluft: 160–180 °C (vorgeheizt)
Gas: etwa Stufe 3 (vorgeheizt)
Backzeit: 20–25 Minuten.

4 Die Muffins 10 Minuten in der Form stehen lassen, dann aus den Förmchen lösen und erkalten lassen.

Tipp: *Dazu Butter und Konfitüre reichen. Die Muffins schmecken warm am besten. Sie können auch eingefroren und kurz vor dem Servieren aufgebacken werden.*

Ratgeber

Schüttelkuchen

Dies ist die neue Art zu backen, ohne Handrührgerät oder Küchenmaschine. Sie wiegen oder messen die Zutaten ab, geben sie in eine gut verschließbare Schüssel oder einen Becher mit Deckel – er muss auslaufsicher sein – und verbinden die Zutaten durch kräftiges Schütteln (15-30 Sekunden, je nach Menge der Zutaten und abhängig davon wie kräftig Sie schütteln). Dann rühren Sie alles mit einem Rührlöffel oder Schneebesen nochmals sorgfältig durch, damit vor allem trockene Zutaten vom Rand her mit untergerührt werden.

Wichtig bei dieser Art zu backen ist vor allem, dass genügend Flüssigkeit vorhanden ist, damit sich die pulverigen Zutaten (Mehl, Zucker, Backpulver und Vanillin-Zucker) mit Eiern und flüssigem Fett (Öl oder zerlassene Butter) gut verbinden können. Zum Schluss geben Sie dann die Aromazutaten hinzu, wie Schokolade, Nüsse oder Trockenfrüchte. Nehmen Sie ein ausreichend großes Gefäß (mit etwa 3-Liter-Inhalt) zum Schütteln, es sollte über den Zutaten noch etwas Luft sein, damit die Zutaten sich gut verbinden können. Wenn Sie kein passendes Gefäß haben, nehmen Sie lieber ein etwas größeres.

Ratgeber

Wichtig ist es, die Kuchen sofort zu backen, damit sie schön aufgehen können. Sie haben eine etwas andere Konsistenz als gerührte Kuchen, sie sind durch den höheren Flüssigkeitsanteil meist etwas saftiger und fester. Aber Sie werden bei Ihren Gästen und Ihrer Familie trotzdem Begeisterung damit wecken.

Becher- und Tassenkuchen

Bei Becher- und Tassenkuchen brauchen Sie keine Waage, um die Zutaten abzumessen. Flüssige und pulverige Zutaten werden mit einer Tasse oder einem Becher (z.B. einem Sahne- oder Joghurtbecher) abgemessen. Wir haben den Inhalt der jeweiligen Gefäße angegeben, z.B. 150 ml für eine Tasse oder einen Joghurtbecher oder 200 ml für einen Sahnebecher. So können Sie auch ein anderes Gefäß verwenden, das das gleiche Volumen hat. Bei den übrigen Zutaten wird jeweils ein ganzes oder halbes Päckchen verwendet, z.B. ein halbes Stück Butter. Und für die Vorsichtigen, die sich noch nicht von Ihrer Waage trennen wollen, haben wir dann alles auch noch nachgewogen.

Alphabetisches Register

Alphabetisches Register

Kapitelregister

Kuchen aus der Form

Torten

Kapitelregister

Kuchen vom Blech

Muffins & Küchlein

Umwelthinweis	Dieses Buch und der Einband wurden auf chlorfrei gebleichtem Papier gedruckt. Die Einschrumpffolie - zum Schutz vor Verschmutzung - ist aus umweltverträglichem und recyclingfähigem PE- Material.
	Bitte beachten Sie bei Gasherden die Gebrauchsanleitung des Herstellers. Wenn Sie Anregungen, Vorschläge oder Fragen zu unseren Büchern haben, rufen Sie uns unter folgender Nummer an (0521) 155-2580 oder 52 06 50 oder schreiben Sie uns. Wir antworten umgehend:
	Bei den in diesem Buch verwendeten Namen handelt es sich z. T. um eingetragene Marken.
	Dr. Oetker Verlag KG, Redaktion, Am Bach 11, 33602 Bielefeld

Redaktion	Carola Reich
Fotos Titelfoto	Thomas Diercks, Hamburg
Innenfotos	Bernd Lippert, Bielefeld Thomas Diercks, Hamburg Ulrich Kopp, Füssen Brigitte Wegner, Bielefeld
Rezeptentwicklung und -beratung	Claudia Glünz-Wunder, Nordhorn Maren Jahnke, Hamburg Eike Upmeier-Lorenz, Herford Anke Rabeler, Hamburg
Rezeptüberprüfung- und beratung	Mechthild Plogmaker, Dr. Oetker Versuchsküche, Bielefeld
Grafisches Konzept	Björn Carstensen, Hamburg
Gestaltung	Kontur Design, Bielefeld
Titelgestaltung	Kontur-Design, Bielefeld
Reproduktionen	Kruse Reproduktionen, Vreden
Satz	Typografika, Bielefeld
Druck und Bindung	MOHN Media • Mohndruck GmbH, Gütersloh

ISBN 3-7670-0247-7